J.-M. G. Le Clézio

Gérard de Cortanze

CULTURESFRANCE

1 bis, avenue de Villars 75007 Paris

www.culturesfrance.com

comm@culturesfrance.com

ISBN 978-2-35476-054-0

ÉDITIONS GALLIMARD

5, rue Sébastien-Bottin 75328 Paris cedex 07

www.gallimard.fr

ISBN 978-2-07-012-626-2

CD AUT 354760502

EAN 9782354760502

INA

4, avenue de l'Europe

94366 Bry-sur-Marne Cedex

www.ina.fr

Sans le savoir, sans lutter, puisque je le veux, j'ai commencé
le long voyage de retour vers le gel et le silence,
vers la matière multiple, calme et terrible ; sans le comprendre,
mais en étant sûr que je le fais, j'ai commencé
le long voyage religieux qui ne se terminera sans doute jamais.
(L'Extase matérielle)

L'intelligence, cela ne m'intéresse pas. La connaissance,
cela ne suffit pas. C'est autre chose que je cherche, que je veux.
Tout le temps je guette cette flamme, au fond des yeux
des hommes et des femmes, cette force qui flamboie,
qui est fervente, qui répand sa clarté autour d'elle.
(L'Inconnu sur la terre)

Il se pourrait que le devenir des hommes,
fait d'injustice et de violence, ait moins de réalité que
la mémoire des lieux, sculptée par l'eau et par le vent.
(Gens des nuages)

Nice

Comprendre que le monde était plus vaste que ce que je voyais,
que derrière ce monde, il en était un autre…
Dans cette relation au monde, qui était comme déséquilibrée
par rapport au réel, il manquait le temps. *

Jean-Marie Gustave Le Clézio naît à Nice le 13 avril 1940 – son frère, Yves-Marie, est né le 18 novembre 1938 –, d'un père britannique et d'une mère française : « Mon père n'était pas anglais mais britannique. Mon père et ma mère étaient cousins germains, et proviennent, l'un et l'autre, de la même origine mauricienne. L'île Maurice a été colonisée par les Anglais à l'époque de Napoléon, et tous ceux qui se trouvaient alors sur l'île ont eu le choix entre prêter serment ou faire leurs valises. Mes ancêtres ont prêté serment au roi d'Angleterre et sont ainsi devenus citoyens britanniques. Ce qui n'a pas eu une grande incidence sur mon existence puisque je suis né à Nice et y ai passé une partie de mon enfance puis de mon adolescence. »*

Le père en Afrique, le grand-père plutôt silencieux et « absent », à Nice, l'enfant est élevé au milieu des femmes : la mère, la grand-mère, et une tante, sœur jumelle du père, restée à l'île Maurice, mais qui écrit des romans qu'elle envoie au jeune Jean-Marie Gustave – et qui devient son « initiatrice à la littérature »*. Que nous dit Le Clézio de cette enfance, de la vie de cet enfant prénommé Jean-Marie Gustave ? L'enfance n'est pas l'enfant. On le sait, Le Clézio regrette que les hommes et les femmes ne sachent pas rester

* Tous les textes suivis d'un astérisque cités dans ce livre sont extraits d'entretiens réalisés par Gérard de Cortanze.

des enfants. Dans *L'Inconnu sur la terre*, on peut lire ceci : « Les enfants éclairent, ils sont la lumière. Les enfants sont semblables aux pauvres, aux nomades, et d'eux vient le même sentiment de force, de vérité, le même pouvoir, la beauté. Ils nous donnent tout cela et nous traversent. Les enfants sont magiques, les seuls êtres absolument magiques. » Le Clézio confère aux enfants la beauté des dieux, affirme que leur monde est lisse et sans secret parce que rien ne vient entraver leur lien entre eux et la vie. Il aime la gaieté des enfants, leur sourire, leur légèreté, leur opposant le sérieux inventé par les hommes. Et l'adulte vertueux est celui qui n'a pas changé de visage lorsqu'il a quitté l'enfance. Mais l'enfant n'est pas l'enfance. L'enfance est terre de nostalgie. Dans *Le Chercheur d'or*, Le Clézio se souvient des « images qu'il garde de ce temps », de la réclame du savon Brooke, de la lanterne magique Negretti & Zambra, d'un gramophone, d'une bicyclette Junon. Il écrit dans *Mondo et autres histoires* : « Les choses ne devraient pas changer. » L'enfance est un temps de blessures. Sur les visages, on peut lire la beauté de l'âme mais aussi le souvenir de colères anciennes, de douleurs venues de l'enfance : « C'est un poids dans le regard, un reflet sombre, une expression grave dans le dessin des lèvres, dans la ligne des sourcils. Les enfants portent souvent les signes de cette ancienne blessure. Ils regardent le monde adulte, sans le juger, mais sans le craindre, parce qu'ils ont cette connaissance instinctive du mal » (*L'Inconnu sur la terre*). En réalité, lorsqu'on se souvient de l'enfance, il est difficile de ne pas succomber au désespoir, de ne pas se laisser envahir par cette « armée du souvenir », ces « sensations maudites » (*Le Déluge*) ; cette certitude que des choses sont advenues – événements, sensations, perceptions, formes – qu'on ne retrouvera jamais plus. « Plus rien de tout cela n'existe aujourd'hui, tout s'est effacé. [...] Un instant encore, comme dans un rêve, j'ai vu leurs silhouettes devant la porte, puis elles se sont engouffrées dans la nuit », peut-on lire dans *Printemps et autres saisons*. Et ceci encore, dans le même livre : « On dit tant de choses dans une vie, et puis ce qu'on a dit s'efface, ça n'est plus rien du tout. »

Au cœur de cette enfance, au cœur de la ville de Nice et de ses alentours, l'événement majeur reste la guerre. Toujours présente, de livre en livre. Parfois quelques mots suffisent pour en rappeler l'existence, parfois elle est évoquée de façon plus ample sur plusieurs pages ou chapitres : l'occupation italienne, les gens défilant dans les rues de Nice pour demander l'expulsion des juifs, la Gestapo installée à l'hôtel de l'Ermitage, (*Printemps et autres saisons*), le bombardement des avions américains (*Onitsha*), l'hiver 1943 et le manque de nourriture (*Étoile errante*), les nuits de couvre-feu, les résistants qui se battent dans les montagnes contre les fascistes. Le Clézio passe la période de la guerre, avec sa mère et ses grands-parents, à Roquebillière, un petit village des Alpes-Maritimes, situé sur la rive droite de la Vésubie : « Je me souviens surtout des derniers moments de la guerre. Ma mère tenant à ce que mon frère et moi conservions un souvenir qui nous marque, nous a fait regarder, depuis les fenêtres de notre maison, les soldats de l'Africa Korps qui remontaient la vallée de la Vésubie en direction du col de la Madone. Je me souviens du pas cadencé des soldats, de cette masse d'hommes verdâtres qui passaient. L'un d'entre eux a tiré sur les fenêtres, et une balle est allée se loger dans le plafond... Nous ne savions pas si les Allemands allaient ou non revenir... Quelques fois, je repasse devant cet immeuble et je me souviens, non sans une certaine frayeur... Oui, la guerre m'a marqué fortement... »*

L'enfance à Nice. La guerre à Nice. L'adolescence à Nice. Le Clézio garde de sa ville natale un souvenir mitigé. Car la cité, en son labyrinthe, est un lieu hostile où l'homme ne peut s'épanouir. D'un côté, il évoque souvent ses jardins et ses fontaines, ses massifs de lauriers, ses palmiers, ses haies, ses cyprès, tout un dédale végétal, et certains lieux – le cap, le cimetière, les villas blanches, les collines qui montent doucement vers le ciel, la route du bord de mer, les places ombragées de platanes –, une ville comme l'imagination peut la souhaiter : « Une belle ville blanche, avec des coupoles et des bulbes, beaucoup de pigeons et des vieux, de grandes avenues bordées de platanes et encombrées d'autos jusque sur les trottoirs » (*Poisson d'or*). Et pour laquelle il propose, par ordre d'importance, une liste de ses endroits préférés : « Chez toi/ les cafés de la Place/ les magasins de l'Avenue/ le bord de mer/ l'église/ la gare des autobus/ la rue Smolett/ la rue Neuve/ la descente Crotti » (*Le Procès-verbal*). Mais de l'autre côté, il insiste sur l'image négative de la ville, avec son brouhaha uniforme, incompréhensible (*Terra amata*), ses toilettes publiques crasseuses, ses cafés bourrés de « gens affalés sur des chaises en matière plastique qui boivent des bières », ses bars où errent des « silhouettes obscures » (*La Fièvre*), ses cinémas où on finit par entrer à l'intérieur du film et par éprouver l'étrange sentiment de ne plus être libre (*Les Géants*).

Sujet principal de *La Guerre* (« ce roman, c'est ma situation par rapport à la ville », lit-on dans ses *Conversations avec Pierre Lhoste*), la ville est, répétons-le, hostile – et source de malheur. Il faut entendre par « ville » non pas la seule ville de Nice, mais bien toute mégapole, concentration d'êtres meurtris, broyés, qui s'y débattent tels des insectes sans défense. Voici ce que Le Clézio écrit dans *Haï*, en 1971 : « Les villes immenses dressent leurs monuments de béton gris, les places sont pareilles à des lacs de ciment, les coques des voitures ont des éclats insoutenables. Tout est sans cesse proche de la déflagration. Les raisons sont cachées. Elles ne sont pas dans les mots du langage, puisque les mots ne sont pas fixes : ils vivent, dérapent, glissent, se divisent comme des cellules. » Les villes sont des cimetières de ciment et d'acier, hérissées de murailles de verre, traversées par des trolleybus bruyants, pleines d'animaux étranges. Comme dans *Le Livre des fuites*, la ville n'est rien d'autre qu'une « espèce d'immense nécropole aux dalles et aux murs éblouissants, avec le quadrillage des rues, des avenues et des boulevards ». Blockhaus asphyxiant et sale « où les couloirs partent dans toutes les directions » (*La Fièvre*) pour mieux tromper qui a le malheur d'y habiter, la ville est remplie de regards indiscrets qui, « sous prétexte de vendre des journaux, s'enferment dans des guérites, au bord des trottoirs, épient, épient tout le temps » (*L'Homme qui marche*). C'est un fait, dans la ville, l'homme, surveillé en permanence, devient une sorte d'esclave. Au milieu de cette mer permanente de voitures aux formes obscènes, les hommes et les femmes de la ville sont prisonniers d'eux-mêmes et de la cité : « C'est cela, la maladie quotidienne, l'insolation de tous les jours, écrit Le Clézio dans *La Fièvre*. Les hommes et les femmes s'abritent comme ils peuvent dans leurs cabanes, mais, derrière leurs volets, il y a toujours l'idée de cette attaque qui déferle sur la ville. »

Que peut l'homme perdu au centre de cette morgue pleine de bruits et de mouvements, de cette « cave étouffante », cette « étuve de pourriture » (*La Fièvre*) ? L'homme sent monter la haine et la colère. Au milieu de ce désert qu'est une ville moderne, encore plus terrible que le désert de sable, il prépare sa fin. C'est bien ce que suggèrent ces lignes extraites de *Haï* : « Les villes, les sociétés mécaniques, les rassemblements d'hommes, les rassemblements d'immeubles, les schémas de la science et les dictionnaires essayent de nous dire le contraire. Écoutez-les, ils disent : le progrès, l'histoire, la conquête de l'univers. Ils disent : la fin est dans l'homme, les raisons du langage sont les mêmes. Les villes ne nous laissent pas le temps de savoir. Elles ont creusé leurs pièges, elles ont tissé leurs entrelacs de causes et d'effets. » Un des pires fléaux croisés dans la ville, c'est la pauvreté. La pauvreté de ceux qui sont contraints de voler dans les supermarchés ; la pauvreté de ceux qui ne comptent plus les jours, car ils savent qu'ils vont mourir de faim (*Mondo et autres histoires*) ; la pauvreté de Gaby, laquelle, dans *Printemps et autres saisons*, « n'a plus rien et a vendu tous les objets qui lui appartenaient », et qui se nourrit de pelures, de fruits qu'elle mendie au marché, de trognons ; la pauvreté des filles qu'on emmène en voiture pour les vendre, des hommes ivres qui titubent dans les cantines, des clochards, des éthéromanes qui trébuchent dans les escaliers ; la pauvreté de l'héroïne de vingt ans qui est au cœur de *Ritournelle de la faim*. Le Clézio le dit très tôt, dès *L'Extase matérielle* : « Je hais l'argent. » Le répète dans *Mondo et autres histoires* : « L'argent est sale. » Ne cesse de se poser la question d'une action possible contre la mainmise de l'argent sur le monde, comme le vieil homme de Smara dans *Désert* : « Que peut son regard farouche d'animal traqué contre ceux qui spéculent, qui convoitent les terres, les villes, contre ceux qui veulent la richesse que promet la misère de ce peuple ? »

Certes, Le Clézio reconnaît que la pauvreté fait remonter en lui de vieilles angoisses venues de l'enfance – « j'ai à la fois la hantise et le dédain de ce qu'on appelle la dèche »* – et constate que « les pauvres l'émeuvent » (*L'Extase matérielle*) ; mais cela va bien au-delà d'une prise de conscience, d'un état qui le touche presque physiquement, la pauvreté pouvant être un mode de vie, un but qu'une véritable quête peut permettre d'atteindre : « L'ambition véritable rejoint finalement le dénuement. Ne rien posséder est une fascination. Être le plus nu possible, être tout tourné vers l'intérieur, ne pas s'attacher aux choses terrestres, voilà ce qu'il faudrait être capable de faire » (*L'Extase matérielle*). Voici un thème majeur, chez Le Clézio, que cette recherche d'une pauvreté consentie, que ce refus de l'abondance inutile. Dans *Voyage à Rodrigues*, il oppose la pauvreté des villes misérables, celle des plantations où les femmes vivent courbées, à une *pauvreté essentielle*, « qui limite l'homme à son arpent de terre aride, à sa vallée, aux collines dénudées peuplées de cabris sauvages ». Ce malheur de l'argent, qui s'épanouit dans les villes, à Nice comme dans toutes les citées du monde, il faut donc, tant que faire se peut, le fuir. Une piste possible, notamment ici, dans la ville de son enfance et de son adolescence, c'est la marche qui conduit à la mer.

« Voici comment il se décida à fuir. Il sortit de chez lui, un matin, et il marcha à travers la ville jusqu'à une grande place où il y avait des arbres », lit-on dans *Le Procès-verbal*. C'est fou comme on marche dans les romans de Le Clézio. Christine (*Mondo et autres histoires*) « marche toute la journée dehors, dans les rues vides, le long des places » ; Jeune Homme Hogan, dans *Le Livre des fuites*, « marche dans les rues de la ville, sans savoir où il va » ; Adam (*Le Procès-verbal*) arpente les rues de 21 h 30 à 5 heures du matin. De la marche viendra le salut. Voilà un geste d'importance. Marcher a un sens, conduit à une nouvelle étape de la vie. J.-F. Paoli (*La Fièvre*), presque sans le savoir, devient, petit à petit, un « homme qui marche », le dos voûté, respirant à peine, le corps tout mouillé de sueur, il continue sa marche, « sa grande marche, sa marche de tous les temps ». Oui, le salut vient de la marche. Dans *Le Déluge*, Besson, qui a peur de sortir de la ville, finit par comprendre qu'elle n'est peut-être pas aussi grande qu'il le pense : « il suffisait d'aller tout droit pendant un certain temps pour que les maisons se raréfient. » La ville se raréfiant, on quitte lentement la zone des tourbillons, on suit les vastes allées, les routes, les chemins, on arrive sur la promenade, on descend du trottoir, on délaisse les parapets de ciment, et là devant soi, alors que la terre s'arrête, là, le long de la côte enfin découverte, commence « le domaine du liquide, du bleu » (*Le Livre des fuites*).

Les pages qu'il consacre à la mer sont parmi les plus belles que Le Clézio ait écrites. Et rares sont ses livres qui n'y font pas référence. Il y a chez lui un plaisir évident à décrire ces lames qui roulent et déferlent les unes derrière les autres, cette houppe bruyante, le mouvement infatigable des masses d'eau, les vagues qui claquent, les gouffres humides et lumineux. Debout derrière le phare, Besson (*Le Déluge*) sent qu'en fixant longuement la mer, en laissant le vent entrer en lui, en se laissant pénétrer par les éléments, il est comme gagné par un rythme voisin de celui de l'éternité. Son esprit disparaît dans l'être de la mer. Et l'expérience qui est alors la sienne est proche d'une expérience mystique : « C'était cela, le secret de la vie éternelle. Respirer. Ne jamais s'arrêter. Respirer avec le reste du monde. Respirer dans la mer, respirer au cœur des rochers, dans les nimbes des nuages. »

Le Clézio a découvert la mer dans les livres, dans les récits extraordinaires des navigateurs qui se trouvaient dans la bibliothèque de son arrière-grand-père mauricien bibliophile, et la « vraie » mer que bien plus tard – « jamais je n'oublierai cette journée si longue, cette journée pareille à des mois, à des années, où j'ai connu la mer pour la première fois », dit-il dans *Le Chercheur d'or*. Il sait pourtant dès l'enfance niçoise que derrière les rues, les places, les jardins de la ville, l'odeur de la mer est là, qui arrive d'un coup, apportée par le vent et accompagnée du bruit monotone des vagues, et que cette mer est cet ailleurs qui va lui permettre de vivre une autre vie. Le chemin de la vie est tout tracé :

de la fuite de la ville au saut dans le monde, il faut passer par l'étape de la mer. C'est la mer qui ouvre à demain. Une mer large, plate, où tout est possible, au-dessus de laquelle volent des mouettes. Le Clézio ne cesse de penser à la mer comme « à une personne humaine » (*Le Chercheur d'or*) mais il voit aussi en elle un savoir : « L'ivresse et la violence règnent ici, mais aussi le savoir, le seul vrai savoir : celui qui unit les êtres animés à leur monde. Tout est possible alors : l'union magique de la mer, de la terre et du ciel. » (*L'Inconnu sur la terre*).

Face à la mer, Le Clézio rejoint la quête de son grand-père. Comme lui, il rêve une mer qui est en elle-même la substance du rêve, « infinie, inconnaissable, monde où l'on se perd soi-même, où l'on devient autre » (*Voyage à Rodrigues*). De cette mer viennent la beauté réelle, la plénitude. Elle enseigne la force de la vie. « Devant la mer, on n'est jamais seul », dit Le Clézio dans *Voyage à Rodrigues*. Il y a une mystique de la mer. Ses limites sont celles de la vie. La mer a préparé pour les hommes un secret, un trésor qu'ils doivent aller chercher, reconnaître, trouver. Le désir de réel, c'est dans la mer que l'homme peut le réaliser. La ville est gênante, comme les mots des hommes qui y vivent. La ville dresse un écran entre l'homme et la vie. Et ce désir de retrouver des « pays où personne ne parle, des pays de bergers et de pêcheurs où tout est silencieux, dans le vent et la lumière » (*L'Inconnu sur la terre*), c'est au-delà de la mer que Le Clézio se propose de l'accomplir. La mer, au fond, c'est le désir de voyage, l'envie et le besoin de quitter la grande ville dont on ne voit jamais la fin. Édouard, dans la nouvelle intitulée « David », sent son cœur se serrer quand il se souvient des paroles de son frère : « Un jour, je m'en irai, et jamais plus vous ne me reverrez. » C'est bien le projet de Le Clézio, le trajet inéluctable qui, partant de Nice, emprunte les voies de la mer : « J'ai vraiment étouffé à Nice. Dans cet enfer décoré de palmiers et de villas rococo, j'avais le sentiment de ne pas appartenir au monde, d'être un étranger. Il fallait que je rencontre des endroits où tout était possible, où je ne me sentirais plus comme dans une arène, où j'aurais l'impression que l'esprit règne. »*

Partir

Je voudrais faire la carte
de tout ce qui m'entoure.
(*L'Extase matérielle*)

Le voyage n'est pas une fuite, même si *Le Livre des fuites* porte en sous-titre « Roman d'aventures », et si on peut y lire des phrases comme celle-ci : « Fuir, toujours fuir. Partir, quitter ce lieu, ce temps, cette peau, cette pensée. M'extraire du monde, abandonner mes propriétés, rejeter mes mots et mes idées, et m'en aller. » Ou comme cette autre : « Je veux fuir dans le temps, dans l'espace. Je veux fuir au fond de ma conscience, fuir dans la pensée, dans les mots. Je veux tracer ma route, puis la détruire, ainsi, sans repos. Je veux rompre ce que j'ai créé, pour créer d'autres choses, pour les rompre encore. C'est le mouvement qui est le vrai mouvement de ma vie : créer, et rompre. » Non, le voyage n'est pas une fuite. Le voyage est comme un appel, un moyen de comprendre ce qui se passe dans le monde moderne. « Partir, il faut partir. Il faut quitter vite, disparaître vers les régions de l'anonyme, vers le possible. Partir… Mais pour où ? », demande Le Clézio, dans *L'Extase matérielle*. Et il poursuit, dans *Haï*, livre de la rencontre avec le monde indien : « Partir, nous voulons partir. Mais pour où ? Tous les chemins se ressemblent, tous sont des retours sur soi-même. Alors il faut chercher d'autres voyages. »

Dans l'un des entretiens que Le Clézio m'a accordés – il date de novembre 1999 –, je lui demande si, lorsqu'il part, il a le sentiment de fuir son époque ou de chercher un lieu où vivre plus humainement. Voici sa réponse : « Je ne pense pas que je fuis quoi que ce soit. Si je fuyais, j'aurais le sentiment qu'il me faudrait d'abord dénoncer ce que je fuis. Pendant longtemps, quand j'étais immobile, j'avais envie de fuite. Maintenant, j'ai simplement le sentiment de l'impérieuse nécessité d'entendre d'autres voix, d'écouter des voix qu'on ne laisse pas venir jusqu'à nous, celles de gens qu'on n'entend pas parce qu'ils ont été dédaignés trop longtemps, ou parce qu'ils ont été oubliés, ou parce que leur nombre est infime, mais qui ont tellement de choses à nous apprendre. »*

En réalité, il existe plusieurs types de voyages. Il y a celui de *L'Inconnu sur la terre* : après avoir constaté qu'il ne peut être un aventurier de l'inconnu, l'homme « sur la terre » se résout à n'être qu'un voyageur des rues, des jardins, des champs, « un voyageur du voisinage ». Il y a celui du berger Hartani, dans *Désert*, qui ne veut pas entendre le langage des hommes, parce qu'il vient d'un pays où il n'y en a pas, « seulement le sable des dunes et le ciel ». Il y a celui de Jeune Homme Hogan, dans *Le Livre des fuites*, qui marche sous le soleil. Il y a celui entrepris par un certain coopérant en Thaïlande, et rapporté dans le même ouvrage, qui « avance le long du fleuve », dans une barque qui glisse, sur une eau très plate, « couleur de métal, avec de grands reflets blancs ». Il y a celui de Gaby Kerven, dans *Printemps et autres saisons*, qui monte dans une pirogue emportant des passagers jusqu'au Britannia, et pour laquelle « partir est une délivrance ». En fait, tous ces périples différents ne sont qu'un seul et même voyage, celui de la vie que nous entreprenons sur « un grand paquebot percé de hublots et qui voyage sur la mer » (*Vers les icebergs*), au milieu des trépidations des turbines, du bruit des bielles et des grincements de poulies. Voyage initiatique qui n'est autre que la version romanesque, sans cesse renouvelée, d'un souvenir d'enfance – fondamental, déterminant.

« J'ai l'impression que je n'aurai jamais fait qu'un seul voyage dans ma vie : celui-là »*, m'a confié un jour Le Clézio.

De quel voyage s'agit-il ? De celui qu'il effectua en 1948, à l'âge de huit ans, et qui le mena, après une traversée de plusieurs mois, sur les côtes du Nigeria. Ce périple fondateur, qu'il racontera dans *L'Africain*, livre écrit en deux mois, mais qui se nourrit de toute une vie, constitue le centre vivant de toute son œuvre : parti retrouver son père, il découvre l'Afrique.

À Ogoja, ville située au centre d'un territoire qu'on appela un temps le Biafra, le petit Blanc de Nice est confronté à des orages tels qu'il n'en avait jamais rêvé, à des vents si puissants qu'ils plient des arbres gigantesques, à une violence secrète : celle « des sensations, des appétits, des saisons ». Dans cette Afrique de l'Ouest isolée de tout, il découvre l'impudeur magnifique des corps, des bruits et des parfums jusqu'alors inconnus, une liberté aussi folle qu'excessive. « L'arrivée en Afrique a été pour moi l'entrée dans l'antichambre du monde adulte », écrit-il ; et encore : « C'est à l'Afrique que je veux revenir sans cesse, à ma mémoire d'enfant. À la source de mes sentiments et de mes déterminations. » En un mot, il conclut : « Désormais, pour moi, il y aurait avant et après l'Afrique. »

À ce premier choc s'ajoute un second : la découverte d'un père qu'il n'a jamais vu. L'arrivée se fait à Port-Harcourt sous une pluie battante. La première chose qui le frappe, chez cet homme en imperméable, c'est « son lorgnon, dont les verres brillent sous la pluie, et qui parle avec un fort accent créole ». Le jeune garçon le perçoit tout de suite comme quelqu'un d'étrange, de « possiblement dangereux », et dont l'autorité « pose immédiatement problème ». L'homme a souffert. Après l'expulsion de sa famille de la maison natale, il a dû quitter l'île Maurice à l'âge de trente ans, en 1919. Dès lors, il n'a plus jamais été comme les autres, « il n'avait plus de patrie, plus de maison ». Après deux années passées en Guyane anglaise, entre 1926 et 1928, comme médecin itinérant sur les fleuves, il officie désormais en Afrique, reconnaissant qu'il y fait tout, « de l'accouchement à l'autopsie ». À presque soixante ans, c'est un homme usé, vieilli prématurément, irritable, coupé du monde, désabusé, à jamais exilé de Maurice, le pays inaccessible... et qui parfois prend, avec son Leica à soufflet, des photos en noir et blanc de ce qu'il veut garder de son séjour. Tout cela est fondamental : en Afrique, Le Clézio délaisse les trois bibliothèques familiales – celle de l'arrière-grand-père mauricien, déjà citée, contenant textes classiques et récits de voyages, pour certains en anglais ; celle du grand-père maternel, contenant des œuvres de la littérature française dont un fort contingent d'écrivains romantiques ; celle venue « d'on ne sait où, peut-être du côté de la grand-mère maternelle »*, composée de romans fin de siècle et libertins – qui, jusqu'alors, à Nice, lui avaient appris la vie : la vie dans les livres.

Oui, l'image du père (donc du voyage) traverse toute l'œuvre de J.-M. G. Le Clézio, d'*Onitsha* au *Chercheur d'or*, en passant par *Révolutions*, *La Ronde et autres faits divers*, et plus récemment, bien entendu, *L'Africain*, comme si, redoublant la quête qu'il avait lui-même entreprise, en partant en 1968 au pays des Indiens pour y retrouver les sensations vécues par son père lors de son séjour en Guyane, il tentait, par l'écriture, cette approche impossible, cette reconnaissance toujours différée. En 1948, l'enfant ne rencontre pas son père, qu'il ne peut comprendre. Il est trop différent des adultes qui constituent son cercle intime, sa famille proche. En somme, c'est un étranger, « et même plus que cela, reconnaît-il, presque un ennemi ». L'« ennemi », un des thèmes essentiels de l'œuvre de Le Clézio.

Malgré toute cette souffrance, Ogoja reste pour le romancier comme un trésor secret, comme un passé lumineux qu'il ne veut pas perdre, et ce livre déchirant, *L'Africain*, est celui des retrouvailles avec le père. Tous deux, le père et le fils, ont aimé l'Afrique parce qu'elle rappelle Maurice : même terre rouge, même vent venu de la mer, mêmes visages, mêmes rires, même insouciance. Hemingway est parti retrouver à Cuba les impressions de son enfance, les promenades avec son père sur les bords du lac Michigan. Ogoja est à Le Clézio ce que San Francisco de Paula est à Hemingway : l'enfance à jamais retrouvée, une machine à remonter le temps des erreurs et des trahisons qui ont contraint à l'exil. Dans *L'Africain*, Le Clézio nous livre le secret majeur d'une œuvre. En reconnaissant enfin ce père mauricien venu de Londres, Le Clézio boucle la boucle : l'Africain n'est autre que lui-même.

Ce cheminement vers l'enfance conduit à un livre majeur, *Révolutions* – nous en reparlerons –, un de ses textes les plus accomplis, les plus risqués. Placé sous le signe de saint Augustin, pour qui les âmes se doivent d'accomplir leur « révolution » avant de rencontrer Dieu puis de renaître, Le Clézio retrouve le chemin initial de la Bretagne et celui de son ancêtre jacobin : François Alexis Le Clézio. Sorti de sa chambre d'adolescent, revenu de ses incursions chez les Indiens, de ses recherches de signes codés, de ses combats pour l'homme, l'écrivain, né de la violente contrée méditerranéenne, sait que, depuis *Le Procès-verbal*, il a mis en marche une machine qui va l'aider à sortir de son intimité pour s'ouvrir au monde et à l'humain. Voilà pourquoi Le Clézio cherche toujours à nous faire éprouver le désir du réel, à nous donner à voir ce qui existe, mais avec la vie.

Jean-Marie Gustave Le Clézio, c'est Hamlet contre Don Quichotte. Le héros shakespearien prétend que la littérature n'est que des mots – *« words, words »* –, du vide, des paroles dénuées de sens. Le personnage de Cervantès profère une vérité opposée : pour lui, la littérature peut changer le monde, peut changer la vie. La littérature est une chose sérieuse ; Hemingway, auteur que Le Clézio affectionne particulièrement, l'affirme sans trêve. Le Clézio, qui a de la littérature une conception morale, ne cesse de le répéter : « La littérature est une fiction en vue d'autre chose. »* De plus grand, de plus beau, une marche vers l'humanité – et ce cheminement vers ce quelque chose de plus vaste, de dilaté, passe par la connaissance du voyage.

Dans *Le Livre des fuites*, Le Clézio posait une série de questions. Comment appeler ceux qui sont immobiles sur la terre errante ? Des voyageurs. Et ceux qui fuient sur la terre immobile ? Des sédentaires. « Mais ceux qui fuient sur la terre errante, et ceux qui sont immobiles sur la terre immobile : comment les appeler ? » Dans un livre qui était une traversée biographique de son œuvre, je tentai une réponse en lui donnant comme titre : *Le Clézio, le nomade immobile*. « Je suis partout chez moi »*, confie Le Clézio, ajoutant, et par là même donnant un embryon de réponse : « Mes territoires, je les dévore, je les mâche longuement, et le jus coule dans ma gorge » (*Le Livre des fuites*). Ou encore dans *Gens des nuages* : « Mais c'est aussi apprendre la vie dans un des endroits les plus beaux et les plus intenses du monde, vaste comme la mer ou comme la banquise. » Un lien évident est entretenu dans cette démarche « planétaire » entre la mer et le sable, la banquise et la forêt. L'homme, sur terre, doit faire connaissance avec ces territoires parce qu'il n'est ici-bas que de façon très éphémère et sans avoir conscience qu'il n'est que de passage : « La société moderne a voulu évacuer la mort, la maladie, la souffrance. Mais elles existent encore, et notre société est choquée lorsqu'elle se retrouve devant ces réalités-là, parce qu'elle a le sentiment que le monde est une sorte de segment immobile dans lequel rien ne va changer, alors qu'au fond tout est aléatoire, et qu'il n'y a rien de sûr. Le mouvement est une façon d'être en harmonie avec cette insécurité permanente. »*

L'homme doit se faire à l'idée que la terre n'est qu'un passage, qu'il n'est pas fait pour durer, et qu'un jour viendra où l'univers sera vide de lui. Le petit drame de son existence est si simple : tiré du chaos, il retournera au chaos. « Il n'y a rien qui échappe à l'usure, au mélange, à l'anéantissement. L'écoulement et la permutation sont les principes mêmes de la vie, car ils sont aussi les principes de la mort. Matériel, spirituel, rien n'est fait pour durer », énonce Le Clézio dans *L'Extase matérielle*, ajoutant : « En vérité, et cela, c'est la dure vérité qu'il faut se dire une bonne fois pour toutes, nous ne sommes rien. Rien n'est nous, rien n'est à nous. Nous ne sommes que des passages. » Sur cette terre, il se pourrait que le devenir des hommes « ait moins de réalité que la mémoire des lieux, sculptée par l'eau et le vent » (*Gens des nuages*). Sans ami, sans femme, seul, sans attaches, l'homme est « comme un visiteur sur la terre, pour une durée sans importance » (*L'Inconnu sur la terre*). Sur la terre, et c'est le véritable secret, tout passe, les mots et les noms s'effacent à peine prononcés, tout n'est que traces, si légères, que le vent de sable se presse de les ensevelir. Une nouvelle fois, faisons référence à la rencontre de Le Clézio avec les Indiens – nous y reviendrons souvent –, avec les peuples anciens de la terre, d'Amérique ou d'Afrique. « La terre qu'ils défendaient ne leur appartenait pas, ni à personne, parce qu'elle était seulement l'espace libre de leur regard, un don de Dieu », rappelle Le Clézio, dans *Désert*, évoquant les guerriers combattants du roi Moulay Hafid.

Ce qu'il faut, avant tout, c'est changer le rapport au monde – « l'intelligence, cela ne m'intéresse pas. La connaissance, cela ne suffit pas. C'est autre chose que je cherche » (*L'Inconnu sur la terre*) –, et le voyage permet ce changement, cet angle de vue nouveau. En modifiant sa perspective, l'homme vit une autre vie sur la terre : « Nous le savons : la terre n'appartient pas à l'homme, c'est l'homme qui appartient à la terre » (*La Fête chantée*). En acceptant cette non-appartenance, l'homme accepte aussi de se rapprocher des éléments, comme la terre, émiettée, imperceptiblement mêlée à l'eau, dissoute en fine substance grise, dans l'eau profonde, épaisse, couleur d'acier. Alors l'homme entre en relation avec la terre et l'histoire de la terre, avec les rocs surgis des failles et des gouffres, avec le chaos surgi du chaos, les millions et les millions de mètres cubes de pierres et de coquillages, les rivières venues des siècles, pétrifiées, les arêtes primitives, les poussières, le sable, « les traces du cataclysme ancien qui a modelé la terre » (*La Fièvre*). Et pour finir : dans ces arbustes, ces grottes, ce fouillis inextricable de plantes, de rumeurs, de nerfs, d'eaux noires, de rides, de reliefs détruits, ce monde vivant, « en minuscules coups de boutoir, en glissades, en suintements » (*La Fièvre*).

Une nouvelle étape est franchie quand l'homme, prenant conscience de la vieillesse du monde – « Le monde est tellement vieux. Le monde est un vieillard »* –, comprend que l'époque moderne est exactement située « entre deux naïvetés, celle de l'humanisme et celle du mysticisme » (*La Fièvre*), et que le but à atteindre c'est le paysage désertique, façonné par les vents de *Voyage à Rodrigues* : « Il me semble, tandis que je marche ici, au fond de cette vallée, entre les collines noires, que je suis parvenu dans un autre monde, qui n'appartient pas aux hommes modernes ni même aux pirates : le monde d'avant les hommes. » Face à la beauté retrouvée du monde, l'homme peut se perdre dans la contemplation : « Sur la terre, au ciel, dans les eaux, tout est pierre, parce que tout n'est qu'infini, éternité glorieuse de la matière, indissolvabilité de ce qui est et ne pourra jamais ne plus être » (*La Fièvre*). Mais aussi, contemplation de ce qui fait la beauté « réelle » de la création – dans les mots, dans les idées –, celle vers laquelle toujours l'on tend : celle de la lumière, celle des arbres, celle des nuages, celle des fleurs, celle de la lave, celle du secret des apparences, des formes, de l'intensité. Celle du miel, qui vit comme une personne – comme on peut dire qu'il y a une personne du sel, ou une personne du thé –, celle des peuples anciens aujourd'hui disparus ou évanouis. Dans ce monde qui n'est ni une attraction touristique ni un musée, « chaque fois que je pense à l'archéologie, à l'histoire, ou à quelque science humaine, je sens comme un frisson, écrit Le Clézio dans *L'Inconnu sur la terre*. Comment un homme de ce temps, de ce monde, peut-il comprendre un autre peuple, une autre civilisation ? » Celui qui prend conscience de ce monde croise un autre thème majeur de Le Clézio : celui de la vie en dehors de la ville, lui-même adossé à un autre thème majeur, celui de la non-possession des biens terrestres. « En cercle autour des villes modernes, ils sont là, le plus vieux peuple du monde », rappelle Le Clézio (*L'Inconnu sur la terre*), ajoutant : « Ils sont ceux qui vivent dans la beauté vraie et qui ne la possèdent pas. » Désir repris par Martin, dans *Mondo et autres histoires* : « C'est cela qui était étrange, surtout, parce que Martin ne possédait rien, pas même une chaise ou un lit. Dans sa maison, il n'y avait rien d'autre qu'une natte pour dormir par terre et une cruche d'eau sur une caisse. Alia ne comprenait pas bien, mais elle sentait que c'était un désir chez lui, comme s'il ne voulait rien garder. »

En compagnie de ces hommes à la sagesse ancienne, l'homme en fuite, parce qu'il tente de retrouver un rapport au monde plus vrai, refuse la chronologie habituelle des faits. Il est comme l'Indien de *Haï*, qui refuse d'apercevoir une histoire, de percevoir le monde en terme de résultat, qui n'a que faire « des déroulements, des évolutions, de tout ce qui nous semble au contraire dirigé en vue d'un accomplissement ». Poursuivons dans *Haï*, où l'on peut lire encore ceci : « L'Indien commande aux formes, il les plie à son désir, il les ordonne ; et aussi il n'invente que ce que le monde lui commande d'inventer » ; et enfin : « C'est cela que disent les Indiens, et nous ne voulons pas les entendre : TOUT LE MONDE EST INTELLIGENT. »

« Je cherche celui, celle dont le regard me révélera à moi-même », avoue Le Clézio, dans *L'Inconnu sur la terre*. On se souvient du proverbe créole mis en exergue au *Déluge* : « *Lizié napas éna balizaze.* » Ce qui signifie : « Les yeux n'ont pas de frontière. » Dans la marche vers l'harmonie, la sérénité, Le Clézio n'oublie pas de mentionner la présence et l'intensité des yeux. « Les yeux sont comme des fenêtres, quand on voit à travers eux, c'est qu'ils sont vides », énonce-t-il dans *Printemps et autres saisons*. Être vivant, c'est savoir voir et être vu, c'est savoir regarder. Et quand le regard est assez lumineux, assez intense, la conscience peut venir, cette conscience qui n'est plus l'aventure d'un seul homme mais celle d'une communauté d'hommes, « un jour, parmi les autres hommes » (*Mydriase*), une explosion qui éparpille les yeux à travers l'espace, qui rompt en miettes la connaissance du langage, et jette à toute vitesse dans le vide les débris étincelants de son nom.

Que faire quand cette conscience, qui est bien une lutte continue, peut être aussi le chemin de la folie – c'est du moins l'hypothèse soulevée dans *L'Extase matérielle* ? Sacrifier sa sécurité, son orgueil, son sommeil ; sacrifier même la paix. Sans hésiter à se mettre sous la protection violente du soleil, de Kax, le monstre sans pitié qui déverse sa clarté et cherche en réalité à détruire le monde. Il faut savoir dompter la lumière, la faire sienne. Il faut savoir parler au soleil. Et pour cela, si ce n'est devenir un Indien, du moins entendre ce que disent leurs textes sacrés. Quand Le Clézio se perd dans les arcanes des *Prophéties du Chilam Balam*, c'est pour mieux se connaître, c'est pour donner un sens à ce voyage évoqué plus haut. « Avant de se comprendre soi-même, avant de connaître l'histoire, il fallait comprendre les lois du ciel, car c'était dans le ciel que se trouvait l'explication du mystère, la clef de l'avenir », écrit-il dans le prologue à sa traduction du grand livre sacré des Mayas.

Quel est le but de cette fuite qui n'est pas une fuite ? Sans doute le jeune homme parti de Nice le comprend-il lorsqu'il touche à Rodrigues, comme autrefois son grand-père, parmi l'ivresse de la pierre brûlée, de la mer et du vent, Rodrigues, cette île « toujours sous la menace de la mer, où l'homme, n'ayant plus d'ambitions, doit apprendre à n'être que lui-même, comme dans le désert ou la toundra du Grand Nord » (*Voyage à Rodrigues*). Au terme du voyage : la lumière, puis la vertu. « C'est quand on est aveugle que l'on commence à voir », écrit-il dans *Mydriase*. Ajoutant dans *La Fête chantée*, avant d'avoir souhaité écrire et danser contre le nouveau déluge, c'est-à-dire parler, écrire, agir : « Que peut un homme, ici, dans les villes d'Europe ou d'ailleurs, pour tenter de sauver les matins du monde ? » Tel est bien le but véritable du voyage.

Mexique

Je suis dans le village. Ici, c'est la paix.
Tu n'auras peur de personne,
puisque tu seras dans le paysage.
(*Le Livre des fuites*)

Si la rencontre de Jean-Marie Gustave Le Clézio avec le Mexique remonte à la petite enfance, notamment grâce à des vues du Paricutín publiées dans les pages du *Geographical Magazine*, à une lecture émerveillée d'un volume de la collection « Les trésors de la terre » consacré à la cosmogonie aztèque, ainsi qu'à des extraits de l'*Histoire générale des choses de la Nouvelle-Espagne* de Sahagún, parus dans de vieux numéros du *Magasin pittoresque* et du *Journal des voyages*, sa véritable découverte de la réalité mexicaine a emprunté des chemins inattendus. Accomplissant, en 1968, ses obligations militaires en Thaïlande, où il enseigne, en qualité de coopérant, les sciences politiques, le jeune écrivain qui a déjà cinq livres à son actif, dont *Le Procès-verbal* et *L'Extase matérielle*, manque à son devoir de réserve et risque rien moins que le bataillon disciplinaire. Que lui reproche-t-on ? D'avoir dénoncé, dans les colonnes du *Figaro*, la prostitution enfantine qui commence à se développer dans cette région du monde : « On volait des petites filles dans le nord de la Thaïlande, qui passaient ensuite dans les mains de maquereaux qui les revendaient aux bordels de Bangkok. À cette époque, les Américains avaient monté des camps aux noms tristement célèbres : les *R and R, Rest and Recreation*. Mais ces choses-là ne se disaient pas. On voulait me renvoyer dans l'armée. J'ai fait savoir que si tel était le cas, je déserterais. »* Grâce à l'intervention d'une lectrice admirative, femme d'ambassadeur, on lui évite le pire. Expulsé, il est envoyé au Mexique.

C'est l'historien franco-mexicain Jean Meyer qui le reçoit et le guide dans ses nouvelles fonctions : professeur de français à l'Institut français d'Amérique latine (IFAL). Mais l'expérience tourne court. Le jeune enseignant préfère les jeans et les sandales au traditionnel costume trois pièces, le polo à la chemise cravate, fume cigarette sur cigarette, et fait écouter à ses élèves des chansons des Beatles. C'en est trop, on le prie donc d'aller refaire le fichier de la bibliothèque de l'Institut d'Amérique latine de México. Le Clézio, on s'en doute, n'accomplit aucun travail de classement, et préfère consacrer son temps à l'étude de la langue espagnole. Lors d'une de ses recherches, il tombe en arrêt devant les grands textes sacrés amérindiens – codex, anciennes chroniques, etc. –, qui ne le quitteront plus et vont lui ouvrir les portes de ce qu'il appellera plus tard, lui donnant le titre d'un de ses livres, « le rêve mexicain » : mythes, magie, art, foi, savoir, lois d'une pensée interrompue par la venue des Espagnols. L'accueil du bateau de Hernán Cortés par les ambassadeurs de Moctezuma, seigneur de México-Tencochtitlán, en mars 1519, constitue ce que Le Clézio appelle l'une des plus terribles aventures du monde.

Revenons à México, en 1968, dans les locaux de la bibliothèque de l'IFAL. Le premier texte auquel est confronté Le Clézio est celui qu'Antonin Artaud a consacré, en 1936, aux Indiens Tarahumaras, ce peuple indépendant qui s'était réfugié il y a environ quatre cents ans dans les montagnes de la Sierra Madre occidentale pour échapper aux missionnaires. Le choc éprouvé par Artaud est immédiat : « Je suis venu au Mexique chercher une nouvelle idée de l'homme. » (Antonin Artaud, *Les Tarahumaras*) « L'expérience d'Artaud au Mexique est l'expérience extrême de l'homme moderne qui découvre un peuple primitif et instinctif : la reconnaissance de la supériorité absolue du rite et de la magie sur l'art et la science », note Le Clézio, dans un texte rédigé en espagnol et repris dans *Le Rêve mexicain*.

Renommés pour leurs tableaux de fils colorés – *nierikas* –, leurs *chariquas* de perles, mais surtout pour le pèlerinage qui les conduit chaque année de leurs villages de la Sierra Madre occidentale – aux pentes de la « Montagne des signes », dans l'État de Potosi, où pousse le peyotl, cactus hallucinogène indispensable à leurs rites funéraires secrets –, les Indiens huichols font de la terre mexicaine une terre de rêve : faite d'une vérité différente, donc d'une réalité différente. Après avoir croisé une première fois les vieux paysans *cristeros*, Le Clézio profite des vacances scolaires de Pâques – nous sommes toujours en 1968 – pour se rendre chez les Huichols.

Ce premier contact avec le Mexique est essentiel : la langue, les textes, la vérité des rites, des lamentations, des psalmodies, la traversée des montagnes à dos de mulet, lui apprennent l'autre face des choses. Rentré en France, il rapporte de cette expérience cruciale un roman fortement influencé par ce périple mexicain, *Le Livre des fuites* : « Le langage huichol n'est pas un système de signification. Il est un système religieux, politique, familial. Comme tous les véritables liens, ceux de la famille ou ceux de la foi, il ne s'acquiert pas. Il est magique. »

La découverte du Mexique est chronologiquement placée entre le voyage initiatique dans la région de jungle et de fleuve au pied de la Serrania del Darién et les séjours à Zamora, San José, Jacona, Tarecueto et México. La leçon, au fil des rencontres, se précise : « J'ai simplement le sentiment qu'il faut entendre d'autres voix. Toutes celles qu'on ne laisse pas venir jusqu'à nous, celle de ces gens qu'on a trop longtemps dédaignés, dont on trouvait le nombre trop infime, mais qui pourtant ont tellement à nous apporter. »* Ces voix viennent des textes anciens, ceux qu'il a découverts à l'IFAL : le *Pop Wuh, Les Prophéties du Chilam Balam*, la relation de *Michoacan* – il en publiera certains dans la collection « L'aube des peuples », qu'il dirige avec Jean Grosjean, aux éditions Gallimard. Ces voix viennent aussi de personnes vivantes rencontrées, comme Rigoberta Menchu, jeune Indienne du Quiché, au nord-ouest du Guatemala, et qui énonce de sa voix « tranquille et sûre »* des choses simples, authentiques et sincères.

Au départ du chemin vers les voix étrangères, anciennes ou nouvelles, on trouve toujours chez Le Clézio un désir de liberté, mais aussi une aspiration tenace, aller au devant d'un savoir qui ne soit pas intellectuel : « Depuis mon adolescence jusqu'à la période qui tourne autour des années 1960, celles du *Procès-verbal*, je vivais cérébralement et intellectuellement. J'éprouvais le besoin d'un choc physique. Dès ce moment-là, dès que j'ai touché ce monde-là, cette société, à partir de cette expérience, j'ai cessé d'être purement cérébral et intellectuel. Par la suite, j'ai nourri mes livres de cette non-cérébralité, de ce grand changement, de ce fait physique. »* C'est ce côté très « physique » qu'il trouve au Mexique. Là-bas, il peut entrer en communication directe avec l'universel, la sensibilité de l'eau et du fleuve, la pensée du ciel et des arbres, l'être des feuillages, l'ample langage qui a oublié le langage – redevenir un « *inconnu sur sa terre* ».

Regardons attentivement le monde archaïque des Chichimèques, des Toltèques, des Aztèques : leur langage n'a pas besoin du mot, ni de la phrase, ni de la littérature ; leur langage est fait d'absence, d'origine, de lieux cachés et secrets ; ici, l'humain est relié au monde visible et au monde invisible. Un indice de pérennité ? La beauté surnaturelle des bébés en terre cuite sculptés entre 1200 et 1000 avant

Jésus-Christ par le peuple ancien des Olmèques.

Les Indiens ont appris à Le Clézio à ne plus craindre le temps, à lui faire confiance, à ne plus avoir peur de la mort, à ne plus rejeter le renouvellement des générations. Dans cette recherche d'une cohérence, dans ce cheminement vers soi, la pensée mexicaine a définitivement rompu le lien entre le langage et le chant: sa voix est devenue instrument. Il a découvert que seul l'homme sait chanter, et qu'il assied ainsi son pouvoir sur la nature et sur un temps distendu, infini. Un temps perturbé par de l'espace, comme dans les textes de Juan Rulfo. Dans l'unique roman, magistral, de ce dernier, intitulé *Pedro Páramo*, on trouve certes un cacique (son nom donne son titre au roman), ses femmes, ses tueurs, la révolution mexicaine, mais aussi du temps dans le temps: une étrange contrée où vie et mort, réel et imaginaire, passé et futur cessent d'être perçus comme contradictoires.

À la fin des années 1970, alors qu'il est en train de traduire *Les Prophéties du Chilam Balam*, Le Clézio s'installe à Jacona, au cœur de ce qu'on appelle au Mexique le pays bas du Michoacán, centre historique où sont dispersées les villes métisses de Zamora, Sahuayo, Chavinda, La Piedad. Il y fait une découverte fondamentale: les Amérindiens ne nous sont pas étrangers, ils sont une part de nous-mêmes, donc, de notre destinée. Au pied du Paricutín, un des plus jeunes volcans du monde – il est né en 1943 –, une première boucle est bouclée: celle de l'enfance. Et une deuxième peut se déployer, sortant de la lave pétrifiée du temps comme l'église à demi enfouie du village de San Juan Parangaricutiro: l'irruption de la langue tarasque. Devenu professeur au Colegio de Michoacán de Zamora, Le Clézio parcourt la région. Non loin de là, à Tarecuato, il fait la connaissance de don Daniel Monzo, professeur de Purhepecha, qui deviendra son ami. Celui-ci l'initie au tarasque, cette langue parlée au XVIe siècle dans presque tout l'actuel état du Michoacán. Elle ne concerne plus aujourd'hui que quelques milliers d'individus sur un territoire restreint qui s'étend autour de Uruapan, de Paracho et du lac de Pátzcuaro, du nom de la ville qui était autrefois un grand centre religieux et politique tarasque. Nombre de textes contenus dans *Le Rêve mexicain* et dans *La Fête chantée*, dont certains directement en espagnol, seront écrits dans cette région hautement symbolique du Mexique : « Il reste aujourd'hui encore, au Mexique, malgré la technologie et les séquelles de l'antique exploitation coloniale, des éclats d'une magie ancestrale. En vivant au Mexique, à la campagne notamment, je m'étais aperçu que les gens avaient gardé une sorte de scepticisme vis-à-vis de certaines choses qui nous semblent absolument utiles, indispensables : le profit, le travail organisé en vue d'un rendement, etc. »*

Où est la vérité du rêve ? Comment jeter un pont à travers les siècles ? Quelle nouvelle mission confier à l'homme ? Savoir écouter l'autre : ce que peuvent nous dire les peuples qu'on ne veut pas entendre, les peuples anciens. Le Mexique joue ici un rôle majeur. La *Relation de Michoacan*, *Les Prophéties du Chilam Balam*, le *Pop Wuh*, font partie de ces livres sacrés qui nous émeuvent : « Le savoir qu'ils nous transmettent est un savoir qui précède toute écriture. »* Sensible à la leçon des grands textes fondateurs et à celle des peuples anciens, Le Clézio l'est tout autant à celle d'une certaine modernité représentée au Mexique par l'aventure du couple mythique formé par Frida Kahlo et Diego Rivera.

Il faut aller au sud de México, dans l'ancien quartier résidentiel de Coyocacán. À l'angle de la rue Allende et de la rue Londres se tient une maison d'un bleu vif, cet *azul anil*, bleu indigo, utilisé dans les demeures mexicaines pour faire fuir les esprits mauvais. Frida Kahlo y est née, y vécut jusqu'à son mariage avec Diego Rivera, et y resta jusqu'à la fin de ses jours. Vous y verrez une cuisine jaune et bleue dessinée par Frida suivant un modèle traditionnel, des masques servant lors des fiestas, une collection de bijoux et de figures précolombiennes en terre cuite, des oreillers brodés à la main, un dessus-de-lit au crochet, la chambre de Frida donnant sur le jardin afin qu'elle pût contempler les arbres et les fleurs, les oiseaux, l'ombre et la lumière. Dans cette maison, où un assortiment de pots en terre compose les noms de Frida et de Diego, la vie palpite dans les étoffes, les tissus, les meubles, les plantes tropicales, les statues.

Le titre d'une toile de Frida Kahlo me revient en mémoire : *« Arbre de l'espérance »*. Mais je pense surtout à la dernière toile qu'elle exécuta en 1954 peu avant sa mort : *« Vida la Vida »*. Avec deux V majuscules. Elle représente une « nature morte » absolument vivante. Des pastèques ouvertes, rouges, crantées, crénelées et vertes, pleines de sève. Frida, la *bailarina*, avait raison : « Pourquoi voudrais-je des pieds puisque j'ai des ailes pour voler ? » Tout le Mexique est dans cette phrase. Ce qu'a bien compris Le Clézio, qui, dans le livre qu'il consacre à Frida Kahlo et à Diego Rivera, *Diego et Frida*, voit dans leur indestructibilité mythique une résurgence de la dualité mexicaine originelle : Ometecuhtli et Omecihuatl. Deux-seigneur et Deux-dame résident à Omeyocan, lieu de la dualité. Lui préside au premier jour du calendrier, elle au dernier. Couple divin qui est, dans sa dualité, au début et à la fin du temps. Pour nous dire simplement que l'homme appartient à la terre et non le contraire. Ou encore ceci, venu du *Codex Florentinus* : « Ceux qui vivent aujourd'hui, une autre fois vivront, une autre fois seront. » Et Le Clézio d'énoncer, dans son prologue à *Diego et Frida* : « Les vrais chefs-d'œuvre ne changent pas, ne vieillissent pas. Aujourd'hui, dans un monde qui a connu tant de désillusions, alors que la beauté des cultures amérindiennes est quotidiennement bafouée par l'uniforme laideur des empires marchands, les images que nous ont laissées Diego et Frida – images d'amour, de recherche de la vérité, où la sensualité se mêle toujours à la souffrance – restent aussi fortes, aussi nécessaires. Dans l'histoire du Mexique, elles continuent à briller comme des braises vivantes, et leurs rougeoiements sont les purs joyaux des enfants démunis. »

Désert

On sort transformé d'une telle aventure.
Ce qui m'a le plus changé, c'est un peu comme
ce que j'avais vécu quand j'étais au Panama :
la conviction, fondée sur la réalité,
*que la vie harmonieuse est possible.**

« Tous les lieux où il y a quelque chose de sacré sont comme cela : isolés, entourés de solitude et de vent, très hauts, près du ciel. On pense au pays des Indiens hopis, aux montagnes du Hoggar, ou même à la ville de Laon », écrit Le Clézio dans *La Fête chantée*. On pourrait ajouter : au désert. Nous l'avons déjà mentionné, la découverte du désert vient de l'enfance, des livres et des dessins de Charles de Foucauld, mais surtout d'un certain récit rapporté par le père : « Lorsque la guerre a éclaté, mon père, qui était au Nigeria, a essayé de rejoindre ma mère qui se trouvait dans le sud de la France. Nous étions anglais, et il avait très peur de ce qui pouvait se passer. Il pensait qu'il fallait que nous nous mettions à l'abri. Il a donc pris une caravane qui partait de Kano, au nord du Nigeria, et a traversé le Hoggar pour essayer de passer en France, et ainsi nous ramener en Afrique. Peu avant d'arriver à Alger, un barrage a contraint la caravane à rebrousser chemin, et à reprendre exactement la même route pour retourner au Nigeria. Mon père, qui n'était pas bavard, garda de cette double traversée du désert, effectuée en grande partie à pied et à bord de camions, un souvenir étonnant. C'est un des rares événements de sa vie sur lequel il s'étendait volontiers. Il racontait qu'il avait été d'abord saisi par la dureté de la vie de ces gens, qui buvaient notamment une eau très alcaline – lui qui était médecin, cela ne laissait pas de le surprendre : comment pouvaient-ils survivre ? Puis, la beauté même du pays l'avait fasciné. Chez cet homme qui avait vécu tellement d'aventures, c'est celle-là qui lui avait laissé la marque la plus forte. »*

Longtemps, Le Clézio fut attiré par le désert, mais cela tenait d'une attirance livresque, verbale, il aimait ce que les autres en avaient dit, ethnographes, voyageurs, scientifiques – Théodore Monod, Michel Leiris, etc. La véritable « connaissance » du désert est plus tardive et intimement liée à Jemia Le Clézio ; elle le lui fait toucher une première fois en 1975, puis à plusieurs reprises, et enfin lors de leur fameux voyage dans le sud du Maroc, en 1997. Un livre, écrit à quatre mains, naîtra de cette expérience : *Gens des nuages*.

Dans cette quête, cependant, leur cheminement n'est pas identique : pour Jemia, venir jusqu'au Rocher, au sommet duquel on grimpe par l'échelle mystique, marque l'« accomplissement du voyage » ; « pour J.-M. G., il s'agit de dessiner, de prendre des photos, de boire à la source du vent », et d'une certaine façon d'être une sorte de témoin, de curieux qui frissonne puis oublie. Mais Le Clézio, et c'est là où réside une partie de son expérience, est troublé par une certitude : savoir que dans un lieu du monde, « dans une vallée au bout du monde », vous attend un être – homme ou femme, oncle ou tante – que vous ne connaissez pas mais qui sait qui vous êtes. Le Clézio voit ici la confirmation de ce qu'il savait déjà confusément : « Les grandes civilisations qui ont éclairé le monde ne sont pas nées au paradis. Elles sont apparues dans les régions les plus inhospitalières de la planète, sous les climats les plus difficiles. Dans les déserts brûlants de l'Irak, en Anatolie, en Judée, en Égypte, au Soudan. Dans les solitudes glacées du Pamir, ou l'âpreté des hauts plateaux du Pérou et de l'Anahuac. Dans l'épaisseur des forêts du Guatemala et du Honduras, du Dahomey, du Bénin. Ce ne sont donc pas les hommes qui font ces civilisations. Ce sont plutôt les lieux. Comme si ces derniers obligeaient ces créatures fragiles et facilement effrayées que sont les hommes à construire leurs demeures, et ainsi faire face à l'adversité. La Saguia el Hamra est un des lieux où s'est formée la personne humaine » (*Gens de nuages*). Quant à Jemia, face à ce paysage qu'elle a cru toucher du doigt, « reconnaître », dans la vallée du Rio Grande ou du Rio Puerco, au Nouveau-Mexique, elle y est enfin confrontée, elle le retrouve, le « prend en elle, l'interroge », se mettant à l'écoute de sa « mémoire génétique » – la mémoire des lieux.

Le Clézio, qui connaît déjà les déserts de White Sands, au Nouveau-Mexique, et du Sonora, au Mexique, va se laisser envahir par ce pays usé « dont l'eau s'est retirée un jour, laissant à nu les fonds, les anciennes plages, les chenaux, les traces de coupes de vagues cognant contre les falaises » (*Gens des nuages*) ; par le vent qui passe sur eux, à travers eux, « comme s'il n'y avait personne sur les dunes » (*Désert*) ; par ce « pays de sable et de poussière » (*Mondo et autres histoires*), à la fois sans hommes et habité par des nomades capables « de distinguer le moindre changement, d'admirer la variété là où d'autres ne verraient que du vide » (*Gens des nuages*). Vivre au désert, ce n'est pas seulement rejoindre la légende de l'homme bleu, devenir semblable à ce monde hostile, « apprendre à vaincre sa peur, son égoïsme », comprendre que le désert est un « langage éternel, une perfection sans temps, une vérité sans corps » (*Gens des nuages*) ; vivre au désert, c'est entrevoir cette vérité primordiale, parce qu'on est modifié par les lieux, que le désert nous fait autre : « Il y a une leçon à tirer du désert, même pour quelqu'un qui est, comme moi, un être insuffisant – au sens où je suis incapable de vivre dans ces contrées arides. Et cette leçon n'est pas nécessairement celle de Michaux qui assure que dans le désert, le grain de sable ne se dispute pas avec le grain de sable, et que le désert est un monde de paix. Une des leçons peut être celle-ci : Malcom de Chazal, le poète mauricien, dit que ‹ seul Dieu est capable de se souvenir de l'avenir › – les nomades du désert ont eu accès à cette remembrance, à ce pouvoir. En allant à leur rencontre je peux avoir accès à une petite part de ce savoir. »*

Dans son prologue aux *Prophéties du Chilam Balam*, évoquant la terre maya, vaste plateau sans eau et presque sans arbres, au sol aride et brûlé, Le Clézio rappelle que ce paysage est plus celui des reptiles et des insectes que celui des hommes. C'est essentiel. Dans le monde tel qu'il est, chaque être porte en lui, plus réel que le mystère de sa naissance, le secret de son apparence ; « chaque être, du plus petit au plus grand, minéral, végétal, animal, possède une forme, une forme qu'il n'a pas choisie mais qu'il cherche à accomplir de toutes ses forces, de toute sa volonté » (*L'Inconnu sur la terre*). Dans sa marche sur la terre, l'homme s'amenuise de plus en plus, « il est en route vers le végétal, avant d'aller vers le minéral » (*Le Déluge*), accumule les blessures anciennes, les cicatrices, prend lentement conscience qu'entre l'infiniment petit et l'infiniment grand existe l'infiniment moyen (*L'Extase matérielle*). Les insectes sont ses frères, tout comme les animaux. Les insectes : guêpes, mouches, doryphores, scarabées, grandes sauterelles, araignées, moustiques, bousiers, cafards gris, scorpions blancs, charançons ; animaux : baleines, serpents, rats blancs, crapauds, jaguars, pécaris, iguanes, singes, etc.

Dans *Voyages de l'autre côté*, Naja Naja, qui aime s'asseoir dans les jardins et regarder les fourmis et les mouches, mais aussi les herbes, les fleurs, les oiseaux, le sent confusément : « Elle pense qu'un jour elle saura qui ils sont. Elle ne sait pas pourquoi, mais elle pense qu'elle saura un jour. »

Il y a donc la grande histoire du monde et la petite histoire du monde, le spectacle de la réalité, la grande exposition permanente des aventures microscopiques qui se répètent depuis la naissance du temps. « Ils sont des milliers de scolopendres qui courent autour de la vieille poubelle renversée », peut-on lire dans *Le Livre des fuites* ; et encore ceci, dès 1963, dans *Le Procès-verbal*, à l'aube d'une œuvre en gestation : « Je ne peux pas t'expliquer. J'étais déjà arrivé au végétal… Aux mousses, aux lichens. C'était tout près des bactéries et des fossiles. Je ne peux pas t'expliquer. » Ces lignes de *L'Extase matérielle* le disent très clairement : « La terre et la peau se ressemblent. J'y reconnais les mêmes rides et les mêmes dessins, et quand elles se touchent l'une l'autre, je ne sais plus laquelle est ma peau. » Tout comme cette citation extraite de *Haï* : « L'homme est vivant sur la terre, à l'égal des fourmis et des plantes, il ne s'est pas exilé de son territoire. » Sur terre, l'homme est soumis aux mêmes lois que les insectes et les animaux, faune et flore confondues : les forces magiques ne sont pas le privilège de la seule espèce humaine. *Haï*, encore : « Il n'y a pas d'animaux, ni de plantes : il n'y a que des hommes, plus ou moins masqués. »

Lors de nos discussions, de nos conversations, Le Clézio n'a cessé de me le répéter : le microscopique l'émeut. Certes, étant myope, il a tendance à regarder les choses de très près, à se laisser entraîner par le détail et à y voir tout un infini, mais cet élément « physique » débouche sur une vision « métaphysique » du monde ; pour envisager l'entier, il faut passer par le détail. Pour connaître l'infiniment grand, il faut connaître l'infiniment petit : « À chaque fois que je m'installe quelque part, je loue une maison. J'ai alors un endroit où acheter mon pain. J'ai des sentiers, des habitudes, des amis. Lorsqu'on se déplace de cette façon-là, on touche chaque parcelle du sol, et l'on se rapproche de

la vérité universelle parce qu'on est tout près du détail. »*
Cette démarche, d'ailleurs, n'est pas sans rappeler celle de Marc Fumaroli, lorsque celui-ci, délaissant pour un temps l'histoire de la rhétorique photographie des troncs d'eucalyptus, des laves, des rochers, des fragments de statue, des miroirs. Parce qu'il sait lui aussi que l'infiniment grand est dans l'infiniment petit, et que, se penchant par ce biais sur la petite histoire du monde, il touche aussi du doigt la grande. Mais cette attention particulière au microscopique n'est pas gratuite, elle a un sens, profond, « politique » : « L'encre de la photographie est le regard scientifique que je porte sur le monde, dit Marc Fumaroli, et celui-ci a souvent de quoi en être plus terrifié qu'émerveillé. »

Il n'y a, chez Le Clézio, aucune échelle de valeurs, aucune exclusion, passé et futur se rejoignent, et l'infini ouvre sur le fini. Voilà pourquoi l'histoire de la terre est une suite d'épopées minuscules, de combats, d'exodes, de massacres, immenses et ténus, protubérants et invisibles : « Il y a toutes les histoires, toutes les aventures. Elles sont innombrables. Elles sont incessantes. Ce sont les millions de petits drames, les milliards de petites tragi-comédies, de films à suspense, de corridas, de tournois, de guerres, de processions, où chaque brindille, chaque caillou a sa part » (*Terra amata*). Voilà pourquoi aussi, on ne s'échappe pas, on ne s'en va jamais. Inutile d'essayer de se cacher au fond de grottes obscures ou de ternes broussailles, d'essayer d'échapper à ce jardin japonais qu'est la terre, à cette prison ouverte. Voilà pourquoi Martin, dans *La Fièvre*, tombé à plat ventre dans le sable, se met à y creuser, d'abord lentement puis avec frénésie, et devient une sorte d'insecte se débattant avec son être d'insecte, une « vieille dépouille de lézard » se débattant avec sa vieille dépouille de lézard ; une espèce de « gros éléphant surpris au centre d'une clairière, et que les nains vident peu à peu de son sang, en le piquant avec leurs dards ». L'homme est un animal traqué.

Rares sont les peuples capables de vivre dans les régions inhospitalières de la planète, mais ceux qui y parviennent touchent au savoir. Nous vivons dans un univers rétréci. Il faut apprendre à se dilater, à vivre dans ces lieux continuellement exposés, à être des sans-abri, à se mouvoir sur la terre sans protection. Seuls, quelques hommes sont parvenus à cette sorte d'ascèse, ceux qui vivent près du ciel, « les hommes bleus du désert, les bergers du Darfour, les hommes pareils aux aigles d'Acoma, de Walpi, d'Oraibi, de Zia, les hommes dont l'âme est sans limites ; leur langage est le vent et la lumière, leur vérité est ce que voient leurs yeux » (*L'Inconnu sur la terre*). Parmi ces hommes, certains semblent si près de Dieu, et si loin de la société de l'argent, des jouissances, des passions et des paroles inutiles, de la possession, nous dirions, la désignant d'un terme vague : de la société de toutes les consommations.

Le savoir de ces hommes tient en un mot et s'appelle l'harmonie. Ils construisent des « alignements de pierres et des cercles magiques » comme les Indiens navahos – ou Bogo le Muet dans *L'Inconnu sur la terre*. Ils sont, dans leur art de penser et de vivre, unis au reste de l'univers, peuples terriens ils sont peuples célestes, comme les Mayas. Sur la route circulaire du temps, les unités arithmétiques permettant de le calculer sont des nombres réels : une réalité qui est aussi symbole des dieux et de l'univers. C'est la grande affaire : leur temps est différent du nôtre. Je lis ceci, dans *Gens des nuages* : « Leur temps est plus vrai, plus réel, il se calcule sur le mouvement des astres et les phases de la lune, non selon des plans établis d'avance. Leur espace n'a pas de limites, il loge dans leurs yeux, dans leur volonté d'aller au gré de leurs routes. » Et lorsqu'ils chantent, ils ne font pas de la musique mais « entrent en communication avec le monde invisible, par le moyen d'un langage inintelligible » (*Haï*). Mais surtout, ils possèdent un langage particulier, qui, plus qu'un langage, est un « acte naturel qui implique l'appartenance » ;* ainsi du langage huichol, qui « n'est pas un système de signification mais un système religieux, politique », et qui, « comme tous les véritables liens, ceux de la famille ou ceux de la foi, ne s'acquiert pas parce qu'il est magique » (*Le Livre des fuites*).

Quand Le Clézio évoque, dans *La Fête chantée*, le commerce qu'il a entretenu et continue d'entretenir avec le monde indien, sa découverte, à son contact, d'une intelligence, d'une évidence, d'une sensibilité de l'univers, il note ceci : « C'est un sentiment que je puis aujourd'hui exprimer avec des mots, mais qui était à cet instant-là en dehors du langage, ou bien qui m'était communiqué par un langage plus ample, plus fort, plus clair, le langage de la forêt, la pensée de l'eau du fleuve, le regard des feuillages, le souffle des absents, présents autour des maisons. » Deux évidences s'imposent : face à notre façon d'être au monde, notre univers de possessions, où il est difficile de percevoir, comme le dit l'Américaine Rita Dowe, que « la vie est ronde » (*La Fête chantée*), le monde de l'Indien est bien celui de la recherche d'un équilibre perdu, d'une vérité universelle ; face à notre vérité enclose, restrictive, repliée sur elle-même, la vérité des anciens Amérindiens n'est pas un secret ésotérique, ni une énigme – toujours dans *La Fête chantée*, cette remarque sur laquelle nous revenons sans cesse : « Ces livres [les grands livres sacrés] ont été écrits aussi pour nous, comme un témoignage. Aujourd'hui, sachons les lire. »

Voilà pourquoi la confrontation avec ces hommes capables d'entretenir un lien différent avec la terre et l'univers ne peut que changer toute notre vie, nos idées sur le monde et sur l'art, notre façon d'être avec les autres, de marcher, de manger, d'aimer, de dormir, d'être avec nous-mêmes et jusqu'à notre façon de rêver – chez certains peuples, le monde des rêves n'est-il pas plus important que la vie de chaque jour, n'est-il pas le monde de la réalité ? Le Clézio nous le fait comprendre, son premier séjour chez les Indiens du Darién – initié dans un quartier pauvre de la ville de Panamá, alors qu'il croise un groupe de jeunes gens qui l'invitent à venir leur rendre visite sur leur fleuve – est né de son besoin de sortir de ses obsessions de jeune homme occidental, de sa nécessité de trouver une paix intérieure.

De cette démarche « volontariste » a jailli une prise de conscience : bien que notre monde du profit ne soit pas celui de ces Amérindiens engagés dans une lutte pour leur survie, ces hommes et ces femmes ne nous sont pas étrangers. Ils sont une part de nous-mêmes, une part de notre propre destinée. Leurs mythes, leurs rêves, la complexité de leurs structures sociales, la richesse de leur relation à la nature, sont aussi les nôtres. Ils ne nous donnent pas une leçon mais nous obligent à prendre nos responsabilités dans la marche de ce monde qui n'est pas à nous mais nous accueille tous, nous reçoit. Ainsi faudrait-il revoir notre rapport à l'histoire. À quoi bon vouloir à tout prix connaître le passé des hommes, pourquoi vouloir absolument interroger son avenir ? Et si la véritable histoire n'était pas celle de l'anecdote mais celle de l'origine, celle du « déroulement de l'histoire parallèle » (*Haï*) ? Et si la seule recherche pour laquelle il valait la peine de se battre était celle qui concernait « l'ordre du monde habité par les hommes » (*Trois Villes saintes*) ?

En acceptant de se poser toutes ces questions, en acceptant de remettre profondément en cause *notre* ordre du monde, nous pouvons découvrir, comme Le Clézio l'écrit dans *Haï*, que nous avons « des milliers de pères, de frères et d'épouses ». La porte d'un savoir nouveau va s'ouvrir, celle gardée par le grand bouc noir Hatrous, dans *Mondo et autres histoires* : « Hatrous savait tellement de choses, non pas de ces choses qu'on trouve dans les livres, dont les hommes aiment parler, mais des choses silencieuses et fortes, des choses pleines de beauté et de mystère. » Dans le village du monde, toutes les femmes et tous les hommes ont le même souffle, les plantes et les arbres y croissent selon le même rythme, mêmes mains, mêmes mots, mêmes paroles, mêmes silences. Dans le village du monde, rien ne s'est arrêté, le passé n'existe pas, le futur a déjà existé ; paroles murmurées, corps qui glissent d'un corps vers un autre. Cette harmonie possible n'a rien à voir avec la culture, du moins dans le sens habituel donné à ce mot et qui désigne bien souvent ce vernis qui ne sert qu'à briller dans un monde où la futilité et la reconnaissance médiatique sont de mise. Cette culture n'est que « l'envers d'une ignorance » (*L'Extase matérielle*), et le monde « indien » est au-delà de cette vision par trop humaine.

Disparition

Quand vais-je atteindre ce moment
*où je n'aurai plus besoin de mots ?**

Tordons le cou à une légende : Le Clézio est tout sauf un tendre et un naïf, un rêveur, un utopiste. Quand il le faut, il sait frapper, dénoncer, il va jusqu'au bout de ses engagements, défend avec force ce qu'il croit juste : J.-M. G. Le Clézio est un homme de combats. Souvenez-vous des pages rageuses consacrées dans *Le Livre des fuites* – il a alors vingt-neuf ans – à l'homme blanc « qui a revêtu des oripeaux exotiques pour mieux donner le change » : « L'Indien ? L'Indien, l'arabe, le négrito, le Karen, le montagnard birman. Celui qu'on ne tue pas, on le fait clown. Maudite race blanche, dont je suis, et qui ne veut rien changer. Race de soldats déguisés. Anthropologues, prêtres, marchands, philanthropes, voyageurs, tous, des soldats déguisés. [...] Langage : code secret. Voilà de quoi donner à penser aux ethnographes, anthropologues, linguistes. Tous ceux qui viennent avec leurs magnétophones et leurs carnets pour fabriquer des dictionnaires. Ils veulent apprendre la langue de l'indigène, pour lui voler ses secrets, pour faire des thèses sur leur dos. [...] Un beau gros livre, comme savent en faire les hommes blancs. [...] Avec un beau titre abstrait, comme savent en faire les gens civilisés. Dans le genre de *Les Mots et les Choses*. »

C'est un aspect de l'œuvre de Le Clézio sur lequel on n'insiste pas assez : les pays lointains qu'il parcourt, les étendues, désertiques ou non, ne sont jamais décrits de façon idyllique. « Je pense que je suis critiqué par des gens qui ne m'ont pas lu, qui se contentent d'idées rapides : si je parle des

Indiens, je ne me réfère jamais à un âge d'or. Chez les Indiens, il y a des viols et des crimes. Comme partout, les femmes peuvent être battues. On trouve les mêmes vices et les mêmes crimes. La seule différence est que si l'on prend la société dans son ensemble, elle est mieux intégrée à son milieu, qui est celui de la forêt, que nous ne le sommes à celui que nous avons créé. Elle fait moins d'ordures. Les consomme, ne vit pas dessus, n'est pas envahie par ses déchets. Elle n'a pas peur de la mort, elle n'a pas peur de la maladie. Les fous, les criminels, sont parfois moins dangereux parce qu'on les identifie plus vite. »*

Lors de la publication de *Gens des nuages* en 1997, j'ai rencontré J.-M. G. Le Clézio, qui m'a dit ceci : « La région dans laquelle se passe ce livre est celle qui compte la plus forte mortalité infantile du monde : 400 pour 1 000. L'Europe est aujourd'hui à 1 pour 1 000. La moitié de la population meurt dans sa première année de vie. Pour ce qui est du monde amérindien, la mortalité infantile y est aussi très grande, et l'espoir de survie ne dépasse jamais la quarantaine. Quand vous vous rendez dans certains villages du centre-ouest du Michoacan, et que vous revenez plusieurs années après votre première visite, vous constatez que beaucoup de jeunes ont disparu, se sont suicidés, ont été assassinés, sont morts dans des accidents de voiture, sont devenus alcooliques. Vous êtes alors confronté à des problèmes qui sont des vues de l'esprit. Qui sont simplement dus à la misère, aux mauvaises conditions de vie, au manque d'hygiène, à l'absence de moyens de communication et d'éducation. En réalité, je ne suis pas optimiste. Ma vision du monde d'aujourd'hui n'a rien d'idyllique. »*

Et de ce point de vue, son livre *Raga, approche du continent invisible* est exemplaire. De quoi s'agit-il ? Dirigée par Édouard Glissant, la collection « Peuples de l'eau » développe une idée simple et belle : faire connaître l'existence de peuples accessibles seulement par l'eau, et tenus en marge du monde et de ses mutations. Le premier titre, signé J.-M. G. Le Clézio, part à la découverte de l'Océanie, ce continent d'« archipels, volcans émergés des profondeurs et massifs coralliens ».

Comme toujours, l'auteur de *L'Extase matérielle* y raconte les falaises noires qui tombent à pic, les hautes montagnes cachées par les nuages, la magie des plantes, l'immensité de l'océan, « les hommes-pierres qui ne connaissent ni les femmes ni le goût de la nourriture cuite ». Mais comme toujours chez lui, le mythe n'existe que replacé dans le cadre de la réalité d'aujourd'hui. Ainsi, dans ce continent invisible qu'est l'Océanie, et sur Raga, cette « île de mémoire et du temps », est-il bon de rappeler que la population des Nouvelles-Hébrides est passée en cent ans de un million d'habitants à quarante-cinq mille, que la mondialisation y est avant tout celle des épidémies, à commencer par le sida, qu'on ne « trouve pas de capote à Pentecôte », que derrière le paradis imaginé par les ethnologues la quotidienneté de la femme est régie par les abus sexuels et les violences conjugales.

Ainsi, toute la beauté de ce livre réside dans ce va-et-vient entre la description de nattes tissées traditionnellement à partir des feuilles séchées du pandanus et la nécessité pour les peuples qui les réalisent d'affirmer leur droit au bonheur dans des sociétés que l'après-colonisation continue de briser. « Nous ne sommes pas un siècle à paradis », constatait Henri Michaux. « S'il reste un secret, c'est à l'intérieur de l'âme », affirme J.-M. G. Le Clézio, dans ce livre qui, comme le reste de son œuvre, est poétique et nécessaire.

Arrêtons-nous un instant sur cette part d'ombre de Le Clézio. Le monde qu'il décrit peut donc être violent. Il suffit de partir de ces phrases extraites de *La Fièvre*, et écrites très précisément à Nice, le 23 octobre 1964 : « Si vous voulez vraiment le savoir, j'aurais préféré ne jamais être né. [...] Il faut subir toutes les petites morsures de l'existence, en tâchant de ne pas trop souffrir. La vie est pleine de folies. Ce ne sont que de petites folies quotidiennes, mais elles sont terribles, si on les regarde bien. » Ainsi, la violence du monde prend naissance dans la chambre niçoise aux volets fermés, « où règne l'odeur de journées de transpiration et de cigarettes », et aboutit au monde qui « se termine dans un caveau ». Dans cet univers où la sueur coule sur les visages, où des êtres solitaires circulent à travers les « canyons de la ville », où les « enfants courent par bandes en jouant à la guerre » (*Le Déluge*), où il s'agit finalement de « grandir au milieu d'une jungle », il suffit d'un souffle d'air pour passer de l'amour à la haine, de la paix à la destruction : « Et il aurait suffi de vraiment peu de choses, un déplacement insignifiant vers la droite, quelques syllabes changées dans le nom et au lieu de dire ça, on aurait dit : ‹ Espèce de saloperie, va ! › [...] Et on aurait fait un geste du bras, et au bout du bras, il y aurait eu la main fermée sur le manche d'un couteau aigu, et la lame froide serait entrée un peu de travers dans le sein gauche de la jeune femme qui aurait dit une seule fois : ‹ Hah ! › et serait morte. » (*Le Livre des fuites*)

Dans ce contexte de violence, les femmes occupent une place très particulière. Elles sont souvent belles et jeunes, ont des chevelures « couleur d'or, couleur de cuivre, couleur de jais » (*Les Géants*), marchent sur leurs jambes souples sans effort. Elles ont les « seins épanouis, figés dans une aspiration calme, les courbes des nuques et des épaules, les bras et les jambes, les ventres percés d'un nombril doux comme une fossette ; les joues évanescentes dans la chute de la lumière, ou bien disparues dans une ombre granuleuse » (*Le Déluge*). « La belle lumière brille sur le cuivre de leurs visages et de leurs bras » (*Désert*). Ces très jeunes filles, on les découvre « nues jusqu'à la ceinture, accroupies au bord de l'eau » (*La Quarantaine*), l'eau glissant sur leurs épaules, sur leurs seins, leurs cheveux noirs alourdis. Elles sont « émouvantes, magiques, ont un pouvoir » (*La Fête chantée*). Mais si leur beauté est indifférente aux transformations du monde alentour, si aucune hiérarchie n'est établie entre les beautés des femmes du monde, il en est cependant une que Le Clézio place au-dessus de toutes les autres : la femme indienne.

La beauté des femmes indiennes est lumineuse, dit-il dans *Haï*, développant sur plusieurs pages cette beauté qui ne vient pas de l'intérieur mais de toute la profondeur du corps, cette beauté qui est « sans jamais chercher à se faire remarquer », cette beauté qui, cessant d'être un spectacle, devient « une activité, un mouvement, un désir ». Dans *Diego et Frida*, Le Clézio fait remarquer que vont de pair l'idéal révolutionnaire grandissant de Diego et son obsession de la jouissance, du désir, des formes du corps. Les femmes, sur ses tableaux, notamment à partir de 1935, deviennent plus réelles, plus sensuelles, et pour la plupart, « indiennes, saisies dans leur impudeur tranquille : ainsi les *Baigneuses* sur la plage de Salina Cruz, à Tehuantepec, à la fois simples et incompréhensibles comme les Tahitiennes de Gauguin. Ainsi *Modesta*, la fille de Coyocàn qui naguère a servi de modèle à Diego quand elle était enfant, et qui, devenue femme, pose pour lui dans son extraordinaire nudité, à genoux, de dos, en train de peigner sa longue chevelure. Diego exhibe avec une sorte d'admiration sensuelle la robustesse du corps de l'Indienne, la largeur de la poitrine et du dos, les muscles des reins, la couleur somptueuse et sombre de la peau, tout ce qui fait la force et la jeunesse de la race des anciens Mexicains. »

La femme est multiple. Elle donne la vie. « Maintenant, il y avait cet enfant qui arrondissait déjà son ventre et gonflait ses seins », lit-on dans *Printemps et autres saisons*, tandis que d'autres scènes d'accouchement sont relatées dans *Onitsha*, dans *Désert*, dans *Mondo et autres histoires*. Mais elle est aussi « une contrée, un corps », une « ville-femme, que je visite tout le temps » (*Le Livre des fuites*), « une déesse noire qui a traversé le désert et qui règne sur le fleuve » (*Onitsha*). Elle est une représentation d'Éros : « la lèvre douce et humide de son sexe, sur laquelle glisse mon sexe, cette pièce noire, droite » (*La Quarantaine*) ; une représentation des éléments (toujours dans *La Quarantaine)* : appuyé contre la poitrine de Surya, l'homme qu'elle appelle bhaii, « le frère », entend son cœur mêlé à la vibration des vagues sur le socle de l'île ; une représentation de toutes les femmes, comme dans *Terra amata*, où la femme est trois femmes : une jeune femme aux cheveux décolorés qui se déshabille, une femme bronzée qui sort de l'eau, une femme âgée qui lit un roman d'amour à l'ombre d'un parasol mauve.

Mais à côté de cette image positive, la femme peut aussi être prise dans un réseau de données négatives. Elle apparaît, dans *La Fièvre*, contre un mur où luit « quelque chose de gras et de blafard qui ressemble à de la transpiration » ; ou, souffrante, usée, elle peut « rouler sur le sol ». Elle peut se glisser dans l'eau en bikini, « à la manière d'un crocodile » (*L'Inconnu sur la terre*) ; impassible et immobile, s'étaler, bouche ouverte dévorante, « sur les pages des journaux, sur les murs, sur les plafonds, sur les ailes des avions, sur les écrans de cinéma, sur les nuages » (*Les Géants*). Toutes en rimmel, mascara et jarretelles, les femmes « guettent du fond des pages glacées des magazines, avec leurs corps aiguisés, avec leurs seins, avec leurs jambes en forme de lances » (*Le Livre des fuites*). Elles sont prostituées, mulâtresses vêtues de robe de métal. Elles se glissent dans la nuit, elles se glissent dans la foule, elles hantent les bars des villes, chacune des positions de leur corps qui ondule habite une « vérité irrécusable » (*L'Extase matérielle*). Avec son visage fardé, aux sourcils arqués et peints en noir, avec ses lèvres rouges, ses paupières chargées de poudre verte, ses cils épais collés par le rimmel, la femme est une énigme qui attire et effraie : « Le désir fait trembler comme la peur », lit-on dans *Printemps et autres saisons*.

Il faut lire les pages de feu que Le Clézio consacre à la femme (à la peau de la femme, « peau de l'urine, de la sueur, des acides ») dans les deux chapitres de *L'Extase matérielle*, intitulés « Le silence » et « L'infiniment moyen ». Il reconnaît être pris parfois, devant une femme, « par cet émerveillement ». Il s'arrête avec appétit sur ces « fesses puissantes et humiliantes, bestiales, lourdes de chair et de santé », sur ce « pubis couvert de laine », sur ces « hanches évasées, larges jarres où la vie peut faire germer son champignon infect ». Au terme de ces pages puissamment évocatrices, on lit ceci : « Il aurait fallu, pour percer son mystère, la dévêtir entièrement : arracher ses habits, un à un, arracher ses faux cils et ses faux cheveux, effacer ses fards, éparpiller ses épingles, déchirer ses fermetures Éclair, démolir ses élastiques, ses boutons-pression. » Au cœur de ce renversement négatif, la possession passe par la nécessité de forcer l'obstacle, de vouloir tuer et violer. Dans bien des pages des livres de Le Clézio, le viol est présent. C'est Christine, jetée à terre dans une cave et violée par des motards (*Mondo et autres histoires*). C'est Esther, abandonnée par trois garçons sur un talus au milieu des champs (*Étoile errante*). C'est Lalla, forcée par le berger, dans une grotte au milieu des cris des chauves-souris (*Désert*). C'est Élisabeth, femme fantasmée de Roch (*La Fièvre*), et qu'il veut serrer entre ses mains, « qu'il allait étrangler peut-être, à qui il allait faire subir les derniers outrages ». Ce sont les femmes « géantes debout nues contre les murs », et que des « fleuves de sperme n'arrivent pas à recouvrir », dans *La Guerre*. C'est celle qu'on appelle « l'ennemie », dans *Le Livre des fuites*, et dont le corps repose sur le lit blanc de la chambre, corps « martelé, brisé de coups, autonomie infecte, et celle de toutes les femmes, détruite pendant quelques secondes ». C'est cette jeune fille violée « comme ça, facilement, trempée de pluie comme dans une baignoire » (*Le Procès-verbal*) ; et cette autre, attrapée par Abel dans une buanderie, « renversée contre le mur au milieu des odeurs d'urine » (*Poisson d'or*).

En réalité, on l'a bien compris, cette énigme de la femme, est à relier au grand thème de l'enfance, de l'éternel voyage, du cargo qui conduit en Afrique. Le Clézio, c'est Jonas dans le ventre de la baleine, c'est l'enfant dans le ventre de la mère. La chambre où l'on fait l'amour peut être un bateau. Avec ses fenêtres et sa porte bien fermées, ses ampoules électriques qui brillent derrière leurs abat-jour « avec une lueur féroce », sa nuit pesante à l'extérieur, la chambre est un ventre, et dans ce ventre le ventre de la femme : « On était dans la chambre d'hôtel comme à l'intérieur d'un bateau, à la fois prisonnier et libre, en marche vers un pays inconnu » (*Terra amata*).

Cette violence, parfois liée à la femme, n'est autre que la violence plus générale du monde, car le monde de Le Clézio, répétons-le, n'est pas le monde idyllique, béat que pensent certains. Voici un univers dur, marchand, guerrier, hostile, un univers de poix et de fumée, de papiers sales, de ciel immobile, de blessures, de sang qui coule, d'idées mortes, qui tournent sur elles-mêmes, fanatiquement – dans le vide : « La vie n'est pas délicate./ Elle brûle comme un abcès,/ elle tousse écorche et crache » (*L'Extase matérielle*). La violence éclate partout, « les poings se ferment et frappent la chair aux endroits sensibles » (*La Fièvre*). Et cette violence, soudaine, inéluctable, commence souvent par un jeu d'enfance, qui se déploie, enfle, prend sa mesure d'homme, devient adulte, et se termine par la mort. La fin de la nouvelle « La ronde », dans *La Ronde et autres faits divers,* est, de ce point de vue, très significative : « Le silence revient sur la rue, au centre du carrefour. Sur la chaussée, derrière le camion bleu, le corps de Martine est étendu, tourné sur lui-même comme un linge. Il n'y a pas de douleur, pas encore, tandis qu'elle regarde vers le ciel, les yeux grands ouverts, la bouche tremblant un peu. Mais un vide intense, insoutenable, qui l'envahit lentement, tandis que le sang coule en méandres noirs de ses jambes broyées. Pas très loin de son bras, sur la chaussée, il y a le sac de cuir noir, comme s'il avait été bêtement oublié par terre, et son fermoir de métal doré jette aux yeux des éclats meurtriers. »

La folie de la violence est très présente dans l'œuvre de Le Clézio, comme la folie elle-même, et cela depuis longtemps, c'est un vieux compagnonnage – depuis *Le Procès-verbal.* Adam Pollo, le personnage principal de cet ouvrage, est perdu pour la société mais non pour lui-même. Plus il s'enfonce dans la folie, plus il se trouve : « Ce livre se termine par une description de la cellule dans laquelle Adam Pollo est enfermé, et qui se rapporte au thème astrologique, à cette idée de la maison du ciel qui contient les éléments de votre destin. Je pensais que la littérature devait servir aussi à accomplir une sorte de recherche d'une surdimension psychologique, qui n'aurait rien à voir avec la dimension astrologique, qui serait davantage médicale ou pour le moins clinique. »* Quelques années après *Le Procès-verbal,* dans *La Fièvre,* Le Clézio revient sur le thème de la folie ordinaire, de la folie au quotidien. Ce qu'il écrit alors est fondamental. L'homme emmagasine des sensations tous les jours, et a du mal à les trier. C'est un peu comme Ireneo Funes, le personnage de Borges, qui meurt parce que sa mémoire conserve tout, ne sélectionne plus rien. « Je vivais à cette époque en compagnie d'un mot qui était comme une hantise : conscience. Conscience dans les deux sens ; le sens moral – cette conscience qui est le dictamen de la conscience –, et puis l'autre sens auquel je tenais davantage encore, peut-être, et qui était la conscience de soi-même. Je crois que c'était un sens que je cultivais, que je considérais comme la plus noble acquisition de la maturité. C'est par ce sens-là que j'imaginais qu'on sortait de l'adolescence pour entrer dans l'âge d'homme. Ce que j'appelais aussi à l'époque avec beaucoup de prétention : la synesthésie, c'est-à-dire : exister par toutes les sensations. »*

Cette folie, cette violence, ce sont celles de la Méditerranée, dont c'est un leurre de croire qu'elle est une sorte de région molle, douceâtre, liée au farniente, un lieu de villégiature où tout n'est que joie de vivre, confetti, mimosas, carnaval, champagne. Enfant, puis adolescent, Le Clézio, comme beaucoup de ses camarades d'alors, éprouvait un sentiment d'angoisse et de très forte inquiétude à l'encontre de cette mer fermée, et de cette société du Sud exigeante, dure, sans merci, aux connotations sexuelles très fortes, une société masculine, irrévérencieuse : « Nice est comme une tranchée dans la mer. Vous avez l'impression que cette ville est comme une muraille, qu'aucune échappatoire ne s'offre à vous. Toute l'histoire de Nice le démontre : il a toujours fallu se tourner vers l'intérieur, vers les montagnes, pour exister, parce que la mer n'était pas une route convenable. Cette mer était trop dangereuse, infestée de pirates. Il ne s'agissait nullement d'une mer ouverte sur les grands voyages, mais d'une mer qui nous enfermait, nous empêchait de vivre, nous étouffait. La Méditerranée est un lieu qui distille de l'angoisse. Pourquoi ne retient-on jamais ce sentiment ? Pourquoi parle-t-on toujours de la ‹ clarté › du monde grec, de la beauté de ce monde ensoleillé, alors que de ce soleil, de cette lumière, de cette mer peut ressortir une terrible impression de crainte et de peur ? Ce monde méditerranéen est celui où se commettent les plus grandes exactions, les plus grandes violences. »*

Nous sommes dans la violence et la folie. Restons-y. Le monde qui nous est ici décrit est celui de *La Fièvre* : « La fièvre, la douleur, la fatigue, le sommeil qui arrive sont des *passions* aussi fortes et aussi désespérantes que l'amour, la torture, la haine ou la mort. » Ce pourrait être une conclusion. Nous en avons une autre. Voilà un monde dans lequel la marginalité prend toutes les formes. « Je suis anglais et juif », dit Tobie, dans *La Fièvre*, tandis que, dans *Mondo et autres histoires*, Mondo, qui habite nulle part, « dort dans les cachettes, du côté de la plage, ou même plus loin, dans les rochers blancs à la sortie de la ville ». Il y a une forme de différence extrême, d'exclusion. Dans *Le Procès-verbal*, Simon Tweedsmuir a fait exprès de se faire renvoyer du lycée ; alors, plus personne, jamais, n'a entendu parler de lui. Dans cette période de temps incongrue, dans cette spirale qui évoque une certaine folie, le narrateur de *L'Extase matérielle* reconnaît qu'il se sent « à tous points de vue » inachevé. C'est-à-dire très seul, très à l'intérieur de lui-même ; où il a fait entrer ses rêves, les réfrénant (*Onistha*), laissant la solitude, immense, « si grande », emplir l'intérieur du mobile home dans *Mondo et autres histoires*. Dans les entretiens qu'il a donnés à Pierre Lhoste, conversations magnifiques parce que très intimes, Le Clézio « lâche » cette phrase incroyable : « À partir du moment où on a choisi de survivre à son suicide éventuel, on a condamné le suicide et on est moraliste. »

C'est un fait, Le Clézio est à la frontière, spongieuse, entre la réalité et la fiction, entre la joie de la vie et la profonde difficulté à vivre. Ce qu'il écrit sur les vieilles dames, dans *La Fièvre*, est poignant : « Elles sont mortes, comme ça, sans difficulté ; leurs vies, en un cri rauque et déchiré, ont été étouffées dans un mouvement brusque qui s'est abattu sur elles comme une marée. » La folie et la mort sont toujours présentes, rôdent. Le personnage, voyageur de lui-même, des livres de Le Clézio est souvent pris par une inquiétude tenace que rien ne peut raisonner. « L'autre est là, je le sens, l'autre me guette par toutes les fenêtres et par toutes les fentes ouvertes sur ma chambre », lit-on dans *L'Extase matérielle*, livre carrefour d'une œuvre dont le mot d'ordre est de vivre, hors de toute ostentation, dans l'essentiel, et qui propose ceci : « Quand vous aurez tout pris sur terre, prenez-vous vous-même : enfermez-vous dans une seule chambre grise et froide, et visitez-vous, visitez-vous tout le temps. » C'est un axe de vie, une morale. Le voyage en soi est le moment principal d'une existence, le moment nécessaire et suffisant. Martin, dans *La Fièvre*, est à l'ombre, comme retourné à l'intérieur de lui-même : « C'était cela, son désir secret, depuis tant d'années ; c'était vivre dans son propre corps, ne vivre que de soi, que dans soi, se faire caverne et y habiter. » On retrouve Jonas, le ventre de la femme, la communion avec soi, qui est une communion avec la terre ; ainsi dans *Voyages de l'autre côté* : « Elle l'a regardé tellement longtemps,/ que c'est comme si elle était entrée dans le rocher./ Et depuis ce temps-là, le rocher n'est plus le même./ Il a pris la forme de son visage. »

Le Clézio le reconnaît, dans *L'Extase matérielle*, ses voyages commencent et se terminent dans sa chambre. Il confesse être un maniaque du « repli sur soi ». Pourquoi ? Parce que, s'il aime les raideurs et les habitudes de la chambre, il sait que cette prison est aussi sa liberté. Ainsi a-t-il besoin du soleil, des crues, des chaleurs excessives, du bruit, du mouvement, de la ville, mais aussi du silence, du calme, du retrait. La beauté universelle, qu'il recherche en permanence, il peut aussi y accéder par le repli sur soi, l'abandon à soi. C'est un paradoxe, mais les grands voyages commencent par le petit domaine alvéolé de la chambre et la descente vers le pays que l'on est : « Dans son creux, dans sa caverne, l'homme participe à la tâche commune. » Revenons à la conversation entre Pierre Lhoste et Le Clézio : « Il est nécessaire un jour, puisqu'on ne peut pas sortir de sa chambre, puisqu'on ne peut pas sortir de soi-même, d'en faire sortir une partie, d'en faire sortir ce que l'on écrit pour atteindre les autres. »

Voilà comment jaillit le processus de l'écriture. Pour essayer d'apaiser son vertige, Chancelade (*Terra amata*) se laisse glisser sur son lit et ferme les yeux. Lentement, il prend possession de sa chambre. Dans le grand maelström du temps, il n'est qu'une particule. Il fuit alors au monde, dans le paysage du monde, dans le paysage de la galaxie, du système solaire, dans l'espace, dans l'espace de l'espace et dans le temps du temps. Il devient, il est. Il disparaît dans la chambre : « Il n'y avait plus d'homme, plus de femme, plus rien nulle part. Seulement l'étendue magnifique et parfaite, l'étendue nulle, sans un mot, sans une pensée, sans un geste qui permette de mesurer, de comprendre, ou à la rigueur de deviner. » En disparaissant, il naît au monde. En disparaissant, il actionne le processus qui conduit à l'écriture.

Écritures

L'écriture, il ne reste plus que l'écriture,
l'écriture seule, qui tâtonne avec ses mots,
qui cherche et décrit, avec minutie, avec profondeur,
qui s'agrippe, qui travaille la réalité sans complaisance.
(*La Fièvre*)

Beaumont, dans *La Fièvre*, juché au sommet de sa maison, en pyjama rayé et imperméable, grelottant de froid dans le vent, regarde la rue, et la maison qui lui fait face ; observé par une petite fille, c'est lui qui, en fait, regarde le monde : « Beaumont se plaqua contre la pente du toit pour se dissimuler. Puis, la fatigue aidant, il s'assit sur ses talons, en se maintenant de la main droite à une rainure de tuile afin de ne pas tomber. Il resta ainsi, assez longtemps, au soleil, assis sur le toit parmi les excréments d'oiseaux. » Tobie, dans le même livre, dessine tout ce qu'il voit, absolument tout, « il a besoin de ça ». Quand Le Clézio commença à écrire, il fut tout de suite ébloui par les mots, voulant non pas écrire des romans « différents » de ceux publiés par ses prédécesseurs, mais plutôt « continuer la même histoire » (Pierre Lhoste, *Conversations avec J.-M. G. Le Clézio*), en plusieurs chapitres – une histoire qui était la sienne et celle de tous les autres. Entré, de son propre aveu, dans le monde des livres, il n'en est plus ressorti. Ses rêves de jeune écrivain étaient de vrais rêves de jeune écrivain : écrire un livre qui s'appellerait *Le Déluge*, écrire de petites histoires sur la vie quotidienne, écrire un livre philosophique, un livre d'aventures. Mais surtout, pour cette écriture qui ressemblait davantage peut-être au dessin, il reconnut aux mots une force particulière, une aisance : « Les mots n'étaient pas encore attachés entre eux, c'étaient de purs concepts, ils étaient libres, ils venaient en foule, selon une allure chaotique semblable à celle du rythme de la vie et de la matière ; les phrases n'avaient presque pas de structures grammaticales » (*La Fièvre*).

Très vite, pourtant, une sorte de déception s'installa. « En fait, dès que j'ai commencé à organiser l'acte d'écrire, j'ai été déçu. » Le jeune auteur, qui a entre sept et neuf ans, regrette le temps où son écriture ne signifiait rien, « où c'était seulement une suite d'approximations ». Pourquoi ? Les mots sont violents – on retrouve cette violence, cette folie déjà abordées –, la ville est pleine de messages codés, pleine de pensées, de mots qui sont des idées, de concepts ; la ville vibre, éclate, succombe à une pluie de mots qui fait peur. *Les Géants* disent cela avec précision : « Les lettres étaient nombreuses, plus nombreuses que les chauves-souris à l'intérieur d'une caverne. Il y avait tant de lettres qu'on ne voyait plus le ciel, la terre, les maisons ou les visages. » Et le redisent à plusieurs reprises, avec violence : « Puis les lettres frapperaient leurs bouches, leurs narines, leurs fronts ; elles se glisseraient sous leurs habits, elles pénétreraient dans les corps par le nombril, par les pores de la peau, par l'anus, par la verge ou la matrice. Elles étaient armées pour cela, elles étaient faites pour violer, tuer, ronger. » On peut imaginer une armée de mots puissante, destructrice : les mots insensés, « bouts de mots muets qui s'allument et s'éteignent », des enseignes de *La Guerre* ; les mots nouveaux, gigantesques, « qui recouvrent les murs de cent mètres de haut, comme ça, avec leurs lettres rouges », dans *Haï*.

D'une certaine façon, le mot est insuffisant : la voix lui est supérieure, est en avance sur le temps des mots. « La part de l'esprit que j'aime, c'est celle-là justement qu'aucune parole ne livre. C'est la vie en profondeur, le mouvement, insaisissable, insécable. C'est le son de la voix, sa musique hésitante, contradictoire, et non la somme de ses mots » (*L'Inconnu sur la terre*). L'homme vit un leurre. Il croit qu'il parle. Mais les mots véritables ne sont pas encore nés, sont toujours « prisonniers des blocs de pierre, cachés tout à l'intérieur des plaques de fonte et des boules de matière plastique » (*Les Géants*). La grande question posée par les mots des livres est simple, mais elle n'a pas encore de réponse : « Est-il possible de retrouver sur le papier ce miracle émerveillant qu'est l'instantané de la parole ? », demande Le Clézio dans la préface à ses *Conversations* avec Pierre Lhoste.

Les mots, cachés par les images et les souvenirs, ne parviennent jamais à sortir de la prison du cerveau. Trop chargés de colère, de désir, de joie, ils se bousculent à l'orée du langage et créent de la peur, l'inventent même, « l'invincible peur de la sujétion et de l'inconscience » (*Les Géants*). Dans *L'Inconnu sur la terre*, Le Clézio émet un souhait : « Je voudrais vous parler loin, longtemps, avec des mots qui ne seraient pas seulement des mots, mais qui conduiraient jusqu'au ciel, jusqu'à l'espace, jusqu'à la mer. » Cela va bien au-delà d'un désir : c'est un programme d'écriture, une théorie littéraire, une posture philosophique. Par le langage, qui lui permet pourtant de penser le monde, l'homme s'est fait le plus solitaire de ses habitants : il s'est exclu du silence. Or, Le Clézio ne cesse de le répéter, c'est par le silence que l'homme parvient à la connaissance. Telle est bien la posture soutenue par les Indiens. Dans *Haï*, Le Clézio dit qu'ils sont obsédés par le silence ; et il ajoute : « La musique indienne ne cherche pas à être belle. Elle est seulement un bruit dans le concert des autres voix. »

Alors, pourquoi avoir recours aux mots ? Pourquoi écrire ? Le Clézio propose de n'écrire « que sur les choses qu'on aime » (*L'Inconnu sur la terre*), sur la beauté terrestre, car les mots ne disent ni les sentiments, ni les passions, ni les obsessions ;

ou encore, dans le même livre, il énonce « vouloir peindre la lumière, [...] faire de la musique avec les mots, [...] et à travers les mots, aimer ce qu'ils montrent, ce qu'ils savent trouver ». Ce qu'il faut, c'est parler de l'autre côté du langage, du côté de la fabrique des mots, du côté des mots neufs, libres ; « Jusqu'à présent, remarque-t-il dans *Les Géants*, vous avez été des esclaves. On vous a donné les mots pour obéir, les mots pour asservir, les mots pour écrire des poèmes et des philosophies d'esclaves. Il est temps d'armer les mots. Armez-les et lancez-les contre les murs. Peut-être qu'ils pourront aller jusque de l'autre côté. » L'écrivain ne doit rien négliger, ne doit rien passer sous silence. Il lutte contre l'oubli. Il est sur la ligne tendue du présent et de l'avenir. Il est au cœur du plan du réel. Reposons la question : pourquoi avoir recours aux mots, pourquoi écrire ? La réponse est dans *L'Extase matérielle* : « Écrire pour dresser la carte, pour instituer. Écrire pour faire le relevé topographique de ce morceau du monde, de cette ville, de ce quartier, de cette rue, de l'angle nord de cette chambre, du bord de cette fenêtre, de ce carreau, de ce parquet. »

De quoi parlent les langues ? De l'homme. Par « langue », il faut entendre la langue-musique – Le Clézio met au-dessus de toutes les langues deux d'entre elles : le portugais et le nahuatl. « Les voix parlent, se répondent, s'éloignent. Je ne cherche pas à comprendre ce qu'elles disent », reconnaît-il dans *L'Inconnu sur la terre*. La langue, parce qu'elle est voix, peut tout dire ; et, lorsqu'elle est en accord avec la terre des hommes, est musique et silence, bruits et murmures ; alors, et alors seulement on peut se dire qu'après tout les mots de la langue des hommes ne sont peut-être pas aussi différents que les chants des oiseaux. Mais là encore, Le Clézio ne verse pas dans l'angélisme. La guerre des langues et des mots existe bien, les paroles ne sont jamais détachées de leur contexte historique, politique, économique. Ceci, dans *Le Livre des fuites* : « Le monde a mis ses tatouages de guerre, il s'est peint le corps et la face, et maintenant, le voici, muscles bandés, mains armées, yeux brûlants de fièvre de vaincre. Qui va lancer la première flèche ? Comment échapper au roman ? Comment échapper au langage ? Comment échapper, ne fût-ce qu'une fois, ne fût-ce qu'au mot COUTEAU ? » Les mots traversent les mythes, l'histoire, le théâtre, les voix du monde, reviennent toujours à l'origine : parmi les montagnes, les fleuves, les forêts, les orages, ils sont des « discours véridiques » (*L'Inconnu sur la terre*).

De fait, l'objectif du mot, c'est de rejoindre le silence. Seuls certains êtres, certaines civilisations sont parvenus à ce degré de plénitude. Quand le Hartani parle (*Désert*), Lalla n'a jamais rien entendu d'aussi beau, d'aussi vrai, et rien ne vient alors troubler le silence des mots. C'est ce même silence qu'on retrouve dans la parole indienne, qui sait, elle, comment rendre les mots silencieux (*Haï*). Lorsque ce palier est atteint, les mots peuvent traverser l'étendue opaque de la terre, et de la vie sur la terre. Alors, « ils passent comme des oiseaux, en suivant leur route incompréhensible » (*Vers les icebergs*), et l'écriture qui les porte, en prolongeant le rêve, permet une exploration « semblable à la possession mystique, ou à l'hypnose » (« Le rêve de Maldoror »).

Le Clézio ne cesse de le répéter : il vit dans sa langue. C'est elle qui le construit. C'est en elle qu'il trouve son accomplissement. Dans cette langue faite de mots qui sont aussi des signes – « tout ce qui vit est écrit. Il y a des signes partout » (*Mydriase*). Sur les stèles, les runes, les linteaux. Il y a des messages dans le ciment frais, des lettres peintes sur les murs des immeubles, de grandes inscriptions de couleur rouge sur de larges fonds blancs (*Le Procès-verbal*). Sur Rodrigues, Le Clézio cherche des heures durant la marque de l'organeau taillée au ciseau dans la pierre, que son grand-père a notée sur ses plans. Il y a un chemin tracé de la voix au mot, de la lettre à l'inscription multiple. Sur la terre, chaque coin, chaque pan de roche, chaque accident de relief porte un secret, un secret de mots. Tout est noté, tout est marqué, tout est signe, jusqu'aux lourds blocs de ciment croisés dans *Mondo et autres histoires*, qui portent « de drôles de signes gravés sur leur dos, des taches brunes, rouges, des coquillages incrustés dans le ciment ». En 1990, Le Clézio publie un petit livre singulier intitulé *Sirandanes*. L'univers des sirandanes est un lieu sans frontière, léger et grave, une sorte d'immense jardin philosophique où les mots des hommes et les chants des oiseaux se répondent, où la connivence entre les différentes espèces qui vivent sur la terre est totale. Les mots des sirandanes, les jeux de mots et de langage qu'elles renferment n'ont ni vieilli ni changé. Ce n'est ni un parler exotique, ni un élément de folklore, ni de la pacotille, ni de la poudre aux yeux, mais une vraie expérience de parole. Le livre se clôt sur la place occupée dans la langue maternelle par ces mots venus de Maurice, par ce que peut être leur sens profond, sagesse et connaissance confondues : « Tous ces mots qui pour elle n'étaient pas des mots curieux, n'étaient pas des mots exotiques, mais des mots de tous les jours, parce qu'elle avait entendu son père les dire, avec son accent créole qui ne l'avait jamais quitté, à chaque instant, parce qu'ils désignaient des choses qui existaient, non pas des images mais vraiment des choses, fortes, réelles, tenaces, invincibles malgré le gris de l'hiver parisien, malgré l'exil, malgré la guerre. C'est cela, un langage. »

Opposés à ce siècle humain, à la fois marqué par un trop-plein de mots et de silence, existent de vrais mots et de vrais silences contenus dans de « vrais livres qui sont magiques », tels les *Livres du Conseil*, les *Livres des Kantule*, le *Livre des morts*, le *Tonalamatl*, le *Walam Olum*, *Le Pop Vuh*, les fameuses *Prophéties du Chilam Balam* tous livres inouïs, exprimant les saisons, les cycles, les révolutions astrales, le temps du temps, les fantômes, les souvenirs, les paroles souterraines, les espaces du sommeil, comme venus d'une autre terre, « de l'autre bout du temps, denses, pareils à des stèles, chargés de symboles et de signes, comme écrits à l'intérieur d'un rêve, entre les passages noirs de l'oubli ». À mesure que le grand-père de Le Clézio s'enfonce dans l'anse aux Anglais, à Rodrigues, il cherche lui aussi, à sa façon, à percer les mystères du langage, et tente de forger des mots qui lui permettent de parler aux ombres, au temps passé, à lui-même, à ce qu'il est en train de devenir : « Il invente une langue, une véritable langue avec ses mots, ses règles de grammaire, son alphabet, sa symbolique, une langue pour rêver plus que pour parler, une langue pour s'adresser au monde étrange dans lequel il a choisi de vivre » (*Voyage à Rodrigues*).

La langue est un être vivant. Elle bouge, elle change, elle s'enfuit, elle échappe, elle crée. Elle est « un flux et un reflux de paroles » (*Sirandanes*). Et les livres, pour Le Clézio, « sont tous vrais » (*Le Livre des fuites*), il suffit de comprendre ce qu'ils veulent dire. Les pages que Le Clézio consacre à l'art du roman sont très intéressantes. Allant du fameux chapitre intitulé « Autocritique », dans *Le Livre des fuites*, au prologue du *Procès-verbal*, dans lequel il proclame qu'écrire et communiquer c'est « être capable de faire croire n'importe quoi à n'importe qui », en passant par cette série de questions exposée dans *L'Extase matérielle* : « Un livre, à quoi ça sert ? [...] À dessiner tout ce qu'on voit. [...] À cacher les choses, pour que les autres ne les trouvent pas. [...] À lire le journal. [...] À mettre ce qu'on a rêvé cette nuit. » Écrire, enfin, avant tout, c'est agir. En ne créant rien, en n'inventant rien, en faisant des synthèses, en organisant, en oubliant la technique pour ne plus être que dans la sensibilité et dans l'émotion. Mais le véritable artiste est celui qui sent son époque, « qui vibre avec elle, qui en invente tous les défauts et toutes les vérités, et qui ne capitule jamais devant le réel. »* Alors, à quoi sert l'écriture ? Les mots, donc l'écriture, servent à inscrire le temps dans la conscience des hommes, à témoigner, à fabriquer des paraboles – dans le doux ensevelissement, l'anéantissement fécond : « L'univers de l'écrivain ne naît pas de l'illusion de la réalité, mais de la réalité de la fiction » (*L'Extase matérielle*).

Envahissement

*Il faut chercher d'autres voyages.**

Le Clézio, qui se voit comme « quelqu'un sans doute d'imparfait, qui n'est pas terminé, et qui écrit, justement, en vue de cette terminaison »*, et qui reconnaît que l'écrivain « met en marche quelque chose qui finit par lui échapper, mais qu'il ne peut pas ne pas aller jusqu'au bout de ce véritable envahissement »*, ne s'est jeté dans la littérature que pour donner corps à un désir fondateur. Comme la Gaby de *Printemps et autres saisons*, qui ne souhaitait qu'une chose, « retourner là-bas, chez elle, dans son île, à Vacoas », il y a chez lui, dans le fait même d'écrire, le désir de remonter l'arbre généalogique jusqu'à Maurice, et au-delà en Bretagne. Au-delà même de l'échec de son grand-père, qui finit par oublier les raisons pour lesquelles il entreprit son voyage ; au-delà du bannissement imposé à cette famille sans terre ; au-delà du profond sentiment d'étrangeté qui imprègne tous les êtres de cette lignée errante ; au-delà de cette volonté d'appartenance à cette famille – « dont il porterait le sang et la mémoire, dont l'âme serait encore vivante au fond de lui » (*La Quarantaine*) –, Le Clézio ressent très profondément en lui ce besoin d'une terre, d'une origine, d'une patrie. Dans *Onitsha*, il écrit : « Là-bas, on appartient à la terre sur laquelle on a été conçu, et non pas à celle sur laquelle on voit le jour » ; et dans *La Quarantaine* : « Je comprends enfin que c'est ici que j'appartiens, à ces rochers noirs émergés de l'Océan, à cette Quarantaine, comme au lieu de ma naissance. Je n'ai rien laissé ici, rien pris. Et pourtant, je me sens différent. »

Le Clézio veut retrouver la terre de ses ancêtres ; cette chose qui est venue d'avant lui et qui s'appelle un nom –

« Jamais personne ne m'avait fait un cadeau pareil, un nom et une identité », dit celui que El Hadj appelle Marima, dans *Poisson d'or*. Sa maison familiale, enfin, qui est plus qu'une maison, un lieu mythique, chargée d'émotion, laquelle, aujourd'hui sauvée, restaurée, est devenue un musée à la gloire du passé franco-mauricien : « C'est cette maison à laquelle il faut que je revienne maintenant, comme au lieu le plus important de ma famille, cette maison dans laquelle ont vécu mon père, mes deux grands-pères (qui étaient frères), mon arrière-grand-père (Sir Eugène) et mon arrière-arrière-grand-père (Eugène premier) qui l'avait fondée autour de 1850. Maison pour moi mythique, puisque je n'en ai entendu parler que comme d'une maison perdue » (*Voyage à Rodrigues*). Thème de la maison, soit dit en passant, fondateur, essentiel, porte ouverte sur l'univers enfoui de Le Clézio, et qui apparaît très souvent au fil de l'œuvre. « La villa Aurore existait, là, au sommet de la colline, à demi perdue dans les fouillis de la végétation », lit-on dans *Villa Auror* ; « il y avait l'étrange maison en ciment dont avait parlé le petit garçon. [...] La ruine blanche brillait dans la lumière du soleil », est-il précisé dans *Lulllaby*. Dans *Étoile errante*, la maison de M. Ferne est une villa « si étrange et abandonnée », abritant un piano noir et pourvue d'un mûrier aux larges feuilles finement dentelées ; et dans *Le Printemps et autres saisons*, le narrateur parle d'une vieille maison silencieuse sur la colline des Baumettes. Dans *L'Inconnu sur la terre*, le lecteur parcourt les pièces d'une vieille demeure, « en haut de la colline de pierres, maison qui n'est à personne et qui laisse venir l'air noir à travers ses chambres vides » ; et dans *Le Déluge*, c'est un voyeur qui observe une femme, laquelle reprise des chaussettes, et un homme qui fume en lisant son journal, dans un appartement « au centre de la maison délabrée ».

Toutes ces maisons, à l'image de l'appartement dévasté

pendant la guerre d'Espagne où Jorge Semprun passa son enfance, et dont il garde un souvenir douloureux ; ou de la villa de la famille Joyaux (vrai nom de Philippe Sollers), à Talence, près de Bordeaux, aujourd'hui rasée et remplacée par un supermarché ; ou de l'appartement new-yorkais des grands-parents de Paul Auster ; ou des différentes *fincas* habitées par Hemingway dans le but d'y retrouver des impressions d'enfance – celles vécues au côté de son père sur les grands lacs où il chassait et dormait dans des cabanes en bois au milieu des Indiens –, qui sont là pour rappeler que la maison d'enfance constitue un être. Pourquoi suis-je venu à Rodrigues ? demande Le Clézio, qui répond : « N'est-ce pas, comme le personnage de Wells, pour chercher à remonter le temps ? » Le retour à la maison qui n'est plus sa maison est bien un voyage généalogique. Oui, comme il le dit lui-même, Le Clézio remonte le temps, en direction de ses ancêtres mauriciens, mais aussi vers l'ancêtre breton, lequel, après avoir fui la conscription de l'armée révolutionnaire, qui demandait à ses recrues de se faire couper les cheveux, prend un bateau pour les Indes et s'arrête en chemin à l'île Maurice.

Quand Le Clézio touche à Maurice, c'est pour réaliser qu'il est venu là pour rendre un hommage à ses générations de l'exil. Ceux qu'il cherche, à Curepipe, à Quatre-Bornes, sur le marché de Port-Louis, à Mahébourg, dans les champs de canne, n'ont pas de visage : « Ceux que je cherche n'ont pas vraiment de nom, ils sont des ombres, des sortes de fantômes, qui n'appartiennent qu'aux routes des rêves » (*La Quarantaine)*. Là, sur place, au milieu des plateaux noirs de corail et des montagnes fauves, des aloès et des cactus, de l'intense lumière, du vent qui souffle en rafales, il sent qu'il est dans un lieu exceptionnel, au centre de son monde, qu'il est « arrivé au bout d'un voyage, à l'endroit où [il] deva[it] toujours venir » (*Voyage à Rodrigues*). Ce voyage est celui de l'écriture. Quelque chose lui parle, comme nulle part ailleurs. Comme lorsqu'il voyageait en pirogue sur les fleuves du Darién, il sait qu'il a atteint une sorte d'extrémité du monde, qu'il a répondu aux injonctions familiales. Qu'il a entrepris une sorte de quête biographique.

J'ai souvent abordé avec Paul Auster la question du rapport existant entre roman et biographie. Peut-on, en effet, parler de quelqu'un d'autre que de cet homme invisible qui est soi et raconter ainsi l'histoire des gens qui l'entourent ? Quand Auster affirme que « cette problématique est à l'origine de [son] désir d'écrire des romans », j'ajoute : « L'écrivain ne fait rien d'autre que d'écrire des biographies. » Même s'il s'en défend, il y a quelque chose de cet ordre chez Le Clézio. Il a publié un peu plus d'une cinquantaine de livres : tous gîtent du côté de cette biographie autobiographique enchâssée dans l'aventure romanesque, ce que Juan José Saer appelle l'art de narrer. Lors de la sortie de *Révolutions*, nous avons repris notre discussion, et, citant la fameuse phrase de *L'Extase matérielle* (« Un livre, à quoi ça sert ? Ça sert à cacher les choses [...] »), j'ai fait remarquer à Le Clézio que ce dernier livre était pourtant plein de références autobiographiques explicites. Il me fit cette réponse : « Mes livres sont fondés sur des événements dont j'ai été proche, mais ne sont jamais autobiographiques. Je parlerais plus d'une biographie. Mais qu'est-ce qu'une biographie dès lors que vous parlez des autres, vous êtes toujours suspecté d'invention... Quand j'écris, je parle de moi dans la mesure où je parle d'événements qui ont été en relation directe avec ce qui a été important pour moi. Les choses importantes sont plutôt cachées que montrées. Londres, par exemple dans *Révolutions*, est évoquée davantage dans ce que dit Rimbaud dans ses souvenirs plus que dans ce que j'ai pu réellement y vivre. Vous allez me dire que Rimbaud est important pour moi, donc que de cette façon il appartient à ma biographie. Au fond, je pourrais dire que je suis plus autobiographique quand je pense à Rimbaud que lorsque je parle de moi. D'une certaine façon, j'ai voulu vivre à Londres parce que Rimbaud y avait vécu. Dans *Révolutions*, j'évoque donc non pas la ville parfaitement habitable dans laquelle j'ai vécu, mais celle décrite par Rimbaud ou Dickens : dure, violente, repoussante. La phrase que vous citez, extraite de *L'Extase matérielle*, ne dit pas que je veux empêcher les autres de découvrir les ‹ choses › dont je parle, mais il me semble que cela fait partie du jeu du roman, et du jeu que représente la littérature de ne pas être trop évident pour que le lecteur (les autres) puisse apporter sa propre vie. Le principal défaut des romans introspectifs est de ne laisser la place à rien d'extérieur. Quand vous lisez cela, vous ne pouvez pas y apporter votre vie. Quand je lis Stevenson, je peux rêver que j'ai vécu à cette époque, que j'ai rencontré tel ou tel de ses personnages. »*

Stefan Zweig reconnaît qu'il s'est fait un devoir de rechercher dans la biographie d'un écrivain « les causes de son action sur ses contemporains ». C'est intéressant. Voilà quelqu'un qui n'a que très rarement analysé les œuvres des écrivains auxquels il a consacré une biographie, et qui n'a jamais écrit que sur des personnages dont il se sentait proche : proximité intellectuelle pour Kleist, politique pour Tolstoï. Fasciné par la psychologie, comme en témoigne sa correspondance avec Freud ; propagateur des théories de Taine, c'est-à-dire de la présence, dans la biographie, « des tout petits faits bien choisis et significatifs », Zweig donne au romancier un instrument d'investigation. En accordant plus d'importance à l'homme qu'à l'œuvre, il fait de celle-ci un auxiliaire pour mieux pénétrer la psychologie de son auteur. Le Clézio fait de même avec la chaîne qui conduit sur le chemin de ses ancêtres, des noms qui sont les siens, qu'il porte en mémoire. Depuis son enfance, il y a en lui ce creux des noms de ceux qui vous ont précédé, « cette marque dans le genre de celle que laisse un doigt appuyé trop longtemps sur la peau » (*La Quarantaine*).

Une biographie ne révèle rien, mais ouvre des pistes : non sur la pensée mais sur les mouvements de la pensée. Ainsi, un écrivain – un personnage de roman – ne doit-il jamais avoir peur de sa biographie. Qui pourrait en effet soutenir que la biographie de Proust est dommageable à la lecture d'*À la recherche du temps perdu* ? Un écrivain n'a rien à redouter d'une enquête sur sa vie ni du récit de cette dernière. Une vie d'écrivain est pleine de bombes à retardement. Ses dissimulations, ses bonnes actions cachées, ses vices, son héroïsme, sa tactique et sa stratégie font partie intégrante de ses livres. Remplacez écrivain par personnage et vous aurez une excellente définition de la vie et de la mort du héros romanesque, qu'on vient parfois chercher au fond même de sa biographie. C'est ce qu'effectue Le Clézio lors du retour à Rodrigues. Voici les faits. Il part, accoste, se promène, arpente l'île. Il comprend que même si rien n'arrive, même s'il ne « trouve » rien, il y a là le ciel, la lumière, les rochers, la mer, ceux-là mêmes qu'ont vus ses ancêtres. Un jour, raconte-t-il dans *Voyage à Rodrigues*, il se promène, seul, trouve une pierre ronde, « une lave couleur de nuit, percée de trous, usée par l'eau et par l'air, et qui brille au soleil d'un éclat sombre ». Il la ramasse. La serre fort dans sa main. Et c'est comme si, soudain, la présence de son grand-père prenait une dimension nouvelle. Lui qui ne connaît rien de lui, qu'un visage hautain, un vague souvenir, et désormais des pages merveilleuses écrites de sa main, des plans attestant sa recherche vaine, le sent à ses côtés, dans cette pierre noire qu'il a pu lui-même tenir ainsi dans sa main, la serrer fortement, entrer en contact avec l'érosion des siècles, l'usure du temps.

Dans *Ariel ou la Vie de Shelley*, André Maurois précise que, comme Shelley, devenu sous l'influence de ses lectures de jeunesse un doctrinaire, il a voulu appliquer à la vie sentimentale de celui-ci des méthodes rationnelles. Ce livre déclencha une polémique. On reprocha à Maurois d'avoir négligé l'œuvre au profit de la vie, alors qu'il avait souhaité faire œuvre de romancier plutôt que d'historien ou de critique. On parla de « biographie romancée », tandis qu'il revendiquait le terme de « biographie romanesque ». La méthode mise au point par Maurois le conduit à affirmer qu'il n'a rien « inventé ». C'est ce qu'il précise dans sa *Vie de Disraeli* : « Voici un livre fort documenté, mais dont aucun détail n'est pris à l'imagination. » Antonio Tabucchi a écrit un petit livre merveilleux, *Autobiographies d'autrui*, dans lequel il pose de multiples questions. Quelle place offrir à la dimension biographique du roman et à la dimension romanesque de l'autobiographie ? Dans la trame des événements que les dieux nous réservent, quelle signification donner à celui-ci plutôt qu'à tel autre ? Ou encore, faut-il, pour parler de soi, chercher le soi qui n'est pas là ? Et que penser de ces phrases lues dans *L'Extase matérielle* : « Ce qu'on vit, ce qu'on écrit, c'est contre sa mère ». Et ceci : « Celle qui m'a mis au monde, aussi m'a tué. »

C'est un fait : un homme qui écrit n'est jamais seul. Il est entouré de ses personnages, de ses lecteurs, et de tous les autres « lui-même ». Blanchot soutient que « ce qui parle dans l'écrivain, c'est le fait que, d'une manière ou d'une autre, il n'est plus lui-même, il n'est déjà plus personne ». C'est inexact. Le roman est toujours un journal intime, l'écrivain s'y révèle et s'y dévoile. Dans les méandres d'une œuvre et d'une érudition, il invite le lecteur à le retrouver. Derrière la falsification, le romancier livre toujours son journal authentique, crée un monde à partir de lui, utilisant des éclats de son existence et de celle de ses ancêtres. Dans *Le Déluge*, François Besson, qui vit essentiellement dans les sensations, finit par basculer en lui-même et surtout accomplit son rêve : « C'est un itinéraire. Mon personnage s'appelle François parce que mon ancêtre qui est allé à Maurice s'appelait aussi François. Je m'amuse à en faire mon jumeau, mon besson, mon alter ego. C'est lui, ce François, qui est parti à l'aventure et qui a réussi à matérialiser un rêve que j'aurais aimé faire, mais que je ne ferais jamais autrement que par les livres : fonder une famille, une dynastie, je dirais presque un royaume. »*

Giono conseille au romancier de s'octroyer certaines « facilités » avec l'appareil de l'existence, c'est-à-dire avec l'invention des faits. « Rien n'est vrai. Même pas moi ; ni les miens ; ni mes amis. Tout est faux », écrit-il dans *Noé*. C'est une théorie littéraire. Dans le roman, tout est vrai et tout est faux ; sa vérité est celle de la légende devenue réalité. J'ai toujours pensé que le romancier ne faisait rien d'autre que d'insinuer ses mensonges dans les failles du récit, pour mieux exhiber *sa* vérité. Kipling ne dit pas autre chose : « Choisissez d'abord vos faits, puis déformez-les. » Invité un été aux Rencontres Giono, j'ai vécu trois jours au Paraïs. Assis dans le bureau du dernier étage, dit « Le phare », avec vue sur les toits de Manosque, cerné par les livres et les objets chers à Giono, j'ai nourri soudain une vive conviction quant au double rôle de l'écrivain : mettre des mots sur les sensations lointaines, et ne pas hésiter à imprimer la légende quand celle-ci devient réalité. En somme, reconnaître l'inéluctable : la vérité romanesque n'est crue que si on ose l'inventer. Cette question est au cœur du voyage initiatique entrepris par

Le Clézio, au cœur du vertige de l'écriture, quand, assis à Rodrigues, au pied du vieux tamarinier qui s'élève au bord du ravin, il écoute les cris des oiseaux de la mer tandis que la nuit descend, et qu'il pense au dernier voyage entrepris par son grand-père – se demandant si le vieil homme a compris qu'il s'agissait de son dernier voyage et qu'il ne trouverait plus ce trésor qu'il avait cherché toute sa vie.

« Ainsi, peut-être ne suis-je ici que pour cette question, que mon grand-père a dû se poser, cette question qui est à l'origine de toutes les aventures, de tous les voyages : qui suis-je ? ou plutôt : *que* suis-je ? », se demande Le Clézio dans *Voyage à Rodrigues*. Et si l'écriture n'était là que pour tenter de répondre à cette question, et si l'écriture n'était qu'une face du voyage initial de 1948 ? Une manière de se souvenir de ce temps où le père était là, où on l'accompagnait à la chasse, où on accomplissait avec lui de grandes marches dans la montagne, même si aujourd'hui, le temps ayant passé, on ne sait plus si on l'aimait vraiment, ni s'il vous aimait. Il n'y a plus que cette sensation de la marche. Et cela crée un vertige étrange, une sorte de malaise : celui d'avoir plongé trop profond dans le lointain de ses souvenirs, d'avoir creusé là où sans doute il nous était interdit de le faire.

J'aimerais terminer ce coudoiement de l'œuvre de Le Clézio par cette image du père qui parle pour la première fois à son fils de l'île Rodrigues, cette dépendance de Maurice. Au mur est épinglé un relevé de l'île, recopié par lui à l'encre de Chine. Le père est debout. Il se parle à lui-même autant qu'il parle au fils. Il marche de long en large. Le besoin du retour à Rodrigues est né de ce jour : « C'est peut-être pour cela que, plus tard, je garderai cette impression que tout ce qui est arrivé par la suite, cette aventure, cette quête, étaient dans les contrées du ciel et non pas sur la terre réelle, et que j'avais commencé mon voyage à bord du navire Argo. »

(*Le Chercheur d'or*) Quel étrange cheminement tout de même que celui de cet homme anglais par son père issu d'une famille bretonne émigrée à l'île Maurice. De quelle langue vient-il ? De quelles terres mêlées ? Pour Le Clézio, l'écrivain ne parle pas en ligne droite, il dit qu'il accomplit un grand détour, « qu'il est obligé de faire un grand détour pour arriver à ce qu'il veut » (*Conversations avec J.-M. G. Le Clézio*). Voilà défini le trajet de son voyage initial. Pour arriver au but, il doit prendre le bateau qui va lui faire quitter Nice. « Nous sommes tous dans le ventre du bateau quand la tempête revient », écrit-il dans *Étoile errante,* cette autobiographie biographique. Par les écoutilles, le jeune voyageur regarde le ciel. Sur le pont, les matelots, pieds nus, font face au cheval fou de la mer démontée. « Je vois la mer qui court vers le navire, explose en trombes d'écume. Le vent est devenu un monstre visible. » À ses parents, qui lui demandaient : « Que veux-tu faire plus tard ? », l'enfant avait répondu : « Je veux être marin. » C'est cet enfant qui a pris le bateau pour l'Afrique afin d'y rejoindre son père. C'est ce voyageur immobile qui finira par se mettre dans les pas de son grand-père, le chercheur de trésor.

On sait que ce que cherchait le grand-père n'était pas un trésor de rapines, de pillages ; un trésor de verroteries ou de bijoux caché dans une malle ou un coffre. Ce trésor avait à voir avec la survie ou la vie, avec l'homme et son regard intense, avec la relation entre l'homme et la nature, avec un mystère à laisser à sa descendance pour qu'elle finisse par le résoudre un jour. En partant sur les traces de son grand-père qui avait fui devant sa destinée, Le Clézio se mesure lui aussi au vide, à la souffrance, à la trop grande exposition à la vie et aux éléments de la vie. Comme le grand-père, il se révèle, se met à nu, s'avance vers l'horizon, traverse la mer, cherche le lieu de son rêve. Au terme de leur voyage, le grand-père, le père, le petit-fils, se posent une même question, devenus un seul homme qui les écrit, qui écrit au nom des deux autres : « Est-ce que toutes les aventures ne sont pas celle-là, ce vaisseau qui s'éloigne des rivages, ces voiles qui disparaissent derrière la courbe du monde ? C'est à cela que devait songer mon grand-père, alors : être celui qui disparaît, être celui qui entre dans la vague » (*Voyage à Rodrigues*). Et le jeune homme niçois, devenu écrivain et Prix Nobel de littérature, de conclure : « Il est difficile d'écrire autrement que dans l'idée qu'un jour on disparaîtra, qu'on disparaîtra dans ce qu'on écrit, et qu'il ne restera plus, d'une part, que ce qu'on a écrit, et de l'autre, que ce qu'on a écrit sera tout à fait autre chose que ce qu'on a été. L'idéal, pour un auteur, c'est de ne pas avoir de biographie. »*

Le Procès-verbal (1963)
L'Extase matérielle (1967)
Haï (1971)
L'Inconnu sur la terre (1978)
Désert (1980)
Voyage à Rodrigues (1986)
Onitsha (1991)
La Fête chantée (1997)
Révolutions (2003)
L'Africain (2004)

Le Procès-verbal

L'image de la femme, dans l'amour, est toujours double chez Le Clézio. D'un côté, les femmes idylliques. Elles sont belles, font l'amour dans la joie, elles sont « lourdes de chair et de santé » (*L'Extase matérielle*), rayonnantes, signes de vie et de renaissance. De l'autre, les femmes qui subissent des sévices, se font martyriser, violer. Comme ici dans ces pages du *Procès-verbal*, roman d'un homme dont on ne sait trop s'il « sort de l'armée ou de l'asile psychiatrique ». Évoquant ce livre, Le Clézio confesse : « Écrire ce roman a débloqué, chez moi, beaucoup de choses... À l'époque, je débloquais beaucoup... En même temps, cela a fait que d'autres difficultés se sont accumulées, dont il faudra bien que je parle un jour... »*

[...]

« Tu sais ce que tu as dis? Tu as dis, tel que, ‹ ce n'est pas la peine ›. Ce n'est pas la peine ! Pas la peine de quoi ? Le plus fort, c'est que j'ai compris, et que j'ai continué quand même. Jusqu'à ce qu'on arrive à une grande flaque de boue qui barrait le chemin. D'ailleurs, non – après tout, je n'avais pas compris, quand tu avais dit, ‹ ce n'est pas la peine ›. Je crois que je faisais tout sans savoir, n'importe comment. J'ai poussé la moto contre un arbre, et on a marché dans l'herbe mouillée ; l'herbe était mouillée. Tu as dit que tu avais froid, ou quelque chose, alors, moi, je t'ai dit qu'on devrait attendre sous un arbre que la pluie cesse. On a trouvé un grand pin en forme de parapluie, et on s'est placés le dos contre le tronc, chacun d'un côté. C'est là qu'on s'est tachés de résine sur les épaules. Il y avait un joli tapis d'aiguilles et d'herbes tout autour. C'est vrai. La pluie est tombée plus fort, tout à coup, alors j'ai tourné autour du tronc, et j'ai mis une main sur ta nuque et je t'ai couchée par terre. Les gouttes de pluie, je ne sais pas si tu te rappelles, passaient à travers le feuillage, se réunissaient par deux ou trois, et tombaient sur nous grosses comme la main. Oui, j'ai déchiré tes vêtements, parce que tu commençais à avoir peur et à crier ; je t'ai giflée, pas très fort, deux fois en pleine figure. Je me rappelle que tu avais une fermeture éclair ridiculement dure ; elle n'en finissait pas de se coincer ; j'ai pu la déchirer, à la longue, en tirant dessus de toutes mes forces. Attends, après, tu as continué à te débattre, mais pas trop. Je pense que tu devais avoir une trouille de tous les diables, de moi, ou de la suite. Du moins je pense. Hein, et quand tu as été nue, je t'ai fixée sur le sol, les pieds contre le tronc de l'arbre, la tête en plein sous la pluie, et j'ai tenu tes poignets dans mes mains et tes genoux dans mes jambes. Et en principe je t'ai violée comme ça, facilement, tu vois, trempée de pluie comme dans une baignoire ; en écoutant quand même, si ça ne te fait rien, tes cris de rage, les petits bruits de l'orage, et les coups de fusil des chasseurs qui battaient les taillis dans la colline d'en face. J'ai dit en principe. Parce qu'en fait ç'a été raté. Mais après tout ce n'est peut-être pas tellement important pour moi. Du moment que j'avais réussi à te mettre nue. En tout cas – pour en faire une belle histoire, littéraire et tout, disons que je t'ai vue peu à peu te couvrir de cheveux mouillés, de terre, de ronces et d'aiguilles de pin, et que j'ai vu ta bouche ouverte, occupée à respirer et à reprendre haleine, où l'eau imbibée d'argile coulait, issue d'une source imperceptible, quelque part à la racine de tes cheveux. Sincèrement, à la fin, tu as ressemblé à un jardin ; tu t'es dégagée, et tu t'es assise le dos contre l'arbre. Tu comprends, pour moi, tu n'étais plus qu'un tas de terre rosâtre, emmêlée d'herbes et de gouttes d'eau. Avec, par-ci, par-là, un reste de femme ; peut-être du fait que tu attendais. Ça a duré quand même un moment — je serais incapable de préciser combien de minutes exactement, dix, vingt — moins d'une heure en tout cas —, à ne rien faire. C'était absolument ridicule si on pense qu'il faisait un froid de glace, zéro degré au-dessus de zéro, en fait. Quand on a - ou, plutôt, non, on s'est rhabillés tous les deux, sans se regarder, toi d'un côté du tronc, et moi de l'autre. Et comme tes vêtements étaient déchirés, je t'ai prêté mon imperméable. Il pleuvait toujours aussi fort, mais on en avait assez d'attendre, on est remonté sur la moto et on est partis. Je t'ai laissée devant un café, et sans que tu me le demandes ou rien, je t'ai fait cadeau de mon imperméable. Tu n'avais pas trop bonne mine là-dedans, pas vrai ? Je ne sais pas ce que tu as raconté à ton père, si tu as porté plainte à la police, mais — »

Le Procès-verbal
Gallimard, 1963
[p. 38-40].

L'Extase matérielle

Quand paraît *L'Extase matérielle,* Le Clézio a vingt-six ans. Opposé à tout système clos, cet essai discursif apparaît comme une sorte de « traité des émotions appliquées ». Évoquant cet ouvrage, ainsi que deux autres sortis presque en même temps que lui – *Le Déluge,* 1966 ; *Terra amata,* 1967 –, il affirme vouloir alors construire des livres « dans lesquels il y aurait un néant avant et un néant après »* ; et il ajoute : « Encore un texte d'adolescent, qui vient tout droit des conversations que nous avions, mes amis et moi, à la sortie du ciné-club. On se réunissait et on remuait le monde. »*

[...]

Quand je n'étais pas né, quand je n'avais pas encore refermé ma vie en boucle et que ce qui allait être ineffaçable n'avait pas encore commencé d'être inscrit ; quand je n'appartenais à rien de ce qui existe, que je n'étais pas même conçu, ni concevable, que ce hasard fait de précisions infiniment minuscules n'avait pas même entamé son action ; quand je n'étais ni du passé, ni du présent, ni surtout du futur ; quand je n'étais pas ; quand je ne pouvais pas être ; détail qu'on ne pouvait pas apercevoir, graine confondue dans la graine, simple possibilité qu'un rien suffisait à faire dévier de sa route. Moi, ou les autres. Homme, femme, ou cheval, ou sapin, ou staphylocoque doré. Quand je n'étais pas même rien, puisque je n'étais pas la négation de quelque chose, ni même une absence, ni même une imagination. Quand ma semence errait sans forme et sans avenir, pareille dans l'immense nuit aux autres semences qui n'ont pas abouti. Quand j'étais celui dont on se nourrit, et non pas celui qui se nourrit, celui qui compose, et non pas celui qui est composé.

Je n'étais pas mort. Je n'étais pas vivant. Je n'existais que dans le corps des autres, et je ne pouvais que par la puissance des autres. Le destin n'était pas mon destin. Par secousses microscopiques, le long du temps, ce qui était substance oscillait en empruntant les voies diverses. À quel moment le drame s'est-il engagé pour moi ? Dans quel corps d'homme ou de femme, dans quelle plante, dans quel morceau de roche ai-je commencé ma course vers mon visage ?

J'étais caché. Les autres formes et les autres vies me recouvraient complètement, et je n'avais pas besoin d'être. Dans cet espace si plein, si tendu, il n'y avait pas de place pour moi. Tout était bondé. On n'aurait rien pu ajouter. Et dans l'enchevêtrement extraordinairement précis, dans toute l'harmonie générale, dans toute cette matière qui était là alors que je n'y étais pas, tout était suffisant. Ce qui était, l'était durement, tangiblement ; il n'y avait rien d'autre que cela : ces formes où je n'étais pas, cette vie que je ne vivais pas, ces rythmes que je n'entendais pas, ces lois auxquelles je n'étais pas soumis. Dans ce monde complet, si présent qu'il pouvait être éternel, il n'y avait pas la part de mon néant. Rien de moi n'avait apparu. Et rien de moi n'avait besoin d'apparaître. Ce qui se produisait, se produisait, ainsi, surgissant au fur et à mesure selon un plan qui n'était pas discernable.

Lentement, longuement, puissamment, la vie étrangère gonflait son excroissance et emplissait l'espace. Comme une flamme qui brûle au sommet du brasier, mais ce n'est jamais la même flamme, ce qui devait être l'était immédiatement et parfaitement. Les êtres naissaient, puis disparaissaient ; se divisaient sans cesse, comblaient le vide, comblaient le temps, goûtaient, et étaient goûtés. Les millions d'yeux, les millions de bouches, les millions de nerfs, d'antennes, de mandibules, de tentacules, de pseudopodes, de cils, de suçoirs, d'orifices tactiles étaient ouverts dans le monde entier et laissaient entrer les doux effluves de la matière. Partout ce n'étaient que lumières, cris, parfums, froid et chaleur, duretés, nourritures. Partout ce n'étaient que frémissements, ondes et vibrations. Et pourtant, pour moi, c'était le silence, l'immobilité et la nuit. C'était l'anesthésie. Car ce n'était pas dans ces communications éphémères que résidait ma vérité. Ce n'était pas dans cette lumière, dans cette nuit, ni dans rien de ce qui était manifesté pour la vie. Les vies des autres, comme ma vie, n'étaient que des instants, de fugitifs instants incapables de rendre le monde à lui-même. Le monde était en deçà, enveloppant, réel, solidité fuyante qui se résout sur rien, matière impossible à sentir, impossible à aimer ou comprendre, matière pleine et longue dont la justification n'était pas extérieure, ni intérieure, mais elle-même.

On ne pouvait pas sortir du système. On ne pouvait pas s'exclure, on ne pouvait pas quitter. Cet infini était fabriqué de fini, cette éternité était construite seulement sur le temps. Si loin que l'on renverse le présent, on ne trouvait que ce qui avait été, rien d'autre que ce qui avait été. Quels que soient les résultats, issus du gouffre de la création, ils n'avaient pas de cause. Ils ne pouvaient pas avoir de cause. Ce qui était apparu selon le mouvement infinitésimal du hasard ne suivait pas une voie. Le destin était l'illusion rétroactive. Ce qui survenait était la constatation d'une présence, et l'on ne pouvait pas lui donner une origine ou une fin. Il y avait ceci, uniquement : sorti du silence, et retournant vers le silence. Et ceci, aussi : étant le silence.

L'Extase matérielle

Gallimard, 1967 ; rééd., coll. « Folio »

[p. 11-14].

Haï

Entre 1970 et 1974, Le Clézio partagea la vie des Emberas et de leurs cousins germains, les Waunanas, peuples amérindiens du Darién panaméen. Cette expérience fondamentale a par la suite, et de son propre aveu, nourri tous ses livres. Dans *Haï*, il propose une belle réflexion sur la place de la culture indienne dans le monde moderne : « Ce sont des gens qui ont quelque chose à dire et à nous dire. »*

[...]

La grande invention des Indiens, c'est le silence. Ils en sont obsédés. Non pas un silence passif, triste, méditatif, mais une absence de bruit, comme cela, dans tous les actes de la vie quotidienne, qui est à la fois une défense et une attaque. Les animaux sauvages ne font pas de bruit. Ils avancent dans la forêt sans faire craquer une brindille, sans un souffle. Ils glissent sur leurs pattes élastiques. Même les oiseaux sont silencieux. Ce qui étonne dans la jungle, ce qui est vite insoutenable, c'est le silence épais, profond, menaçant, le silence qui règne partout.

Les pouvoirs du silence, l'homme indien les connaît d'instinct. S'il se méfie du langage, de l'expression, c'est qu'il est conscient des dangers qu'ils comportent. Le langage parlé n'est pas seulement un moyen de communiquer avec le monde ; en fait, il peut être une trahison, une exposition de soi-même. Le langage est fermé. Il est le bien commun de la tribu, ou de la race. C'est un acte qui n'est pas gratuit, qui ne peut être inconscient. Parler est la propriété des hommes, leur affirmation d'existence. De même que les principaux actes d'affirmation de la vie, la naissance, l'accouplement, l'enfantement, la mort, le langage est une magie. C'est-à-dire un pacte associant l'homme et l'univers.

La langue indienne est magique. Sa grammaire, sa syntaxe sont une logique magique. Le silence, au contraire, est naturel. Il y a chez tous les Indiens ce sentiment, pour nous incompréhensible, mais certainement admirable, de la culpabilité du langage. L'Indien sait quel est ce terrible privilège, il le redoute autant qu'il en est fier. Les animaux, les choses ne parlent pas. Autrefois, ils parlaient. Tout le monde parlait, même les pierres. Puis quelque chose a rompu l'équilibre, une catastrophe a détruit l'ordre de la compréhension. Depuis ce moment, l'homme ne comprend plus les animaux, il n'entend plus le langage des pierres.

À cause de son langage, l'Indien ressent obscurément cette malédiction, et il sait qu'il en est un peu responsable. Il sait que son langage est la force triomphale de son espèce, en même temps qu'il redoute ce triomphe qui l'expose clairement aux coups de l'adversité, qui le désigne au mal.

Le silence, au contraire, permet tout. Le silence n'est pas magique. Il est animal, végétal, élémentaire. Il est terrien. Le silence désintègre les menaces, dissout les maléfices. Il est la défense première contre les agressions des autres, des étrangers, des non-humains.

Il est en quelque sorte un langage à l'envers, comme celui des rêves, ou des ivresses. Un langage qui est au-delà des accusations et des responsabilités.

Silence dense, impénétrable, le long des fleuves boueux. À quelques mètres d'un habitat indien, vous n'avez encore rien vu, rien entendu. Mais eux vous ont vu, vous ont entendu.

Dans la forêt, le long des sentiers presque invisibles, l'Indien s'approche de vous. Il hésite. S'il veut vous parler, il apparaîtra. S'il n'a rien à vous dire, il passera à quelques mètres de vous, et vous ne le saurez jamais.

Haï
Skira, 1971 ;
rééd., Flammarion, coll. « Champs/Flammarion »,
[p. 29-31].

L'Inconnu sur la terre

J.-M. G. Le Clézio écrit toujours à la main. Aujourd'hui sur un papier mexicain appelé « Revolución », hier sur des cahiers d'écolier italiens et des feuilles de papier machine 21 x 27. C'est du moins ce qu'il prétend dans le texte de quatrième de couverture de *L'Inconnu sur terre,* présenté comme un livre qui n'est pas tout à fait un essai, pas tout à fait une tentative pour percer certains mystères, que Le Clézio écrivit parallèlement à *Mondo et autres histoires,* et qui raconte l'histoire d'un petit garçon inconnu qui se promène sur la terre.

[...]

Ce qui est étrange, admirable, ce n'est pas la conscience, ni la connaissance ; c'est le pouvoir que nous avons, tous sans exception, sur nous-mêmes.

Se regarder vivre, se chercher, s'apprécier soi-même, cela n'est pas difficile. C'est le jeu rapide et futile du miroir, la tentation première de l'homme. Pourquoi avoir accordé tant d'importance à ce jeu-là ? Croyait-on vraiment que la conscience était le fondement de la pensée ? Et quand ce miroir vous a montré à vous-même, quand l'écho de votre voix vous est revenu, quand vous avez perçu le schéma de votre conduite, la direction et la force de vos désirs, vous voilà bien avancé. Que savez-vous vraiment ? Rien, du vent, des ombres. Bien sûr, il y a une ivresse à se croire le centre du monde, à se faire le centre. Il y a une fascination à voir l'univers tourner autour de soi, comme si tout se rapportait à ses désirs et à ses fantasmes, et l'on s'hypnotise soi-même. Mais comme cela est inutile, comme cela est déprimant !

Non, l'étrange, l'inespéré, ce n'est pas l'analyse de soi-même qui le donne. C'est simplement l'action, le contrôle de soi-même. C'est le premier, le seul pouvoir, celui qui vous retient, vous dirige. Cela est immédiat. N'importe qui peut exercer ce pouvoir. Mais justement parce que c'est une action, parce qu'il s'agit de dureté, d'intransigeance, on hésite. On sait que cela va vous engager tout entier, corps et esprit, on sait que cela *aura lieu*. Cela se passera, oui, cela sera dans la vie réelle, et non pas dans le rêve ou l'imaginaire.

Pourtant, vite, on parvient aux régions étrangères, tout à fait neuves. En se retenant, en se limitant, l'esprit se trouve dans un état de clarté extrême, comparable à la pure lumière, loin de tout ce qu'il connaissait jusqu'alors. Il cesse d'être au centre de lui-même, il devient une parcelle, un élément parmi tant d'autres.

On ne connaît pas les limites des limites, on ne peut pas les analyser. C'est un bloc compact, uni, dur comme la pierre, transparent comme l'air, qui vibre toujours selon la même fréquence. Il n'y a pas de plus grande aventure, ni plus complète, que ce contrôle de soi-même. C'est le plus grand espoir aussi, car l'on est tout près enfin, l'on touche à la beauté.

C'est d'abord un jeu, sans doute. C'est-à-dire qu'on a accepté soi-même cette limite, qu'on a choisi cette action. À chaque instant, on a la possibilité d'annuler cette décision, de rompre les règles qu'on s'est imposées. La tempérance, la chasteté, le jeûne, ou simplement l'abstention, le silence. Ce sont les vertus, ou les forces. Mais leur négation n'est qu'apparente ; en fait, ces privations, lorsqu'elles sont volontaires, demandent au contraire une affirmation totale de soi-même. Il faut être ferme, et conscient, pour que le jeu soit un jeu.

C'est une aventure qui vous entraîne au plus vivant de

vous-même. Alors n'importe quel geste, n'importe quelle seconde de votre vie deviennent pleins de profondeur et de puissance, durables, mystérieux. Tout ce que vous voyez bouge avec une vivacité accrue, comme si tous vos sens étaient démultipliés, comme si l'électricité traversait votre corps et vos nerfs.

Le corps cesse d'être ce réseau d'habitudes, cet employé routinier et un peu las avec lequel vous vous étiez confondu ; voici qu'il est sorti de son sommeil et qu'il vit. Il résiste, il cède, il se reprend. Il est heureux, il souffre, il se met en colère. Il guette autour de lui tous les signes qui aident, il s'ouvre à la lumière, à la musique des bruits, à la surprise des formes. Les yeux voient. Les oreilles entendent. Enfin, la mer, le ciel, les montagnes, les forêts ont des odeurs, des goûts, des touchers. Le cœur bat plus vite, puis ralentit. La respiration change. Il y a sans cesse des quantités de douleurs, des quantités de caresses !

L'on joue avec soi-même, et il n'y a pas une seconde de gratuité dans l'existence. Il n'y a pas un moment de vide, d'ennui. La pensée, tout le temps en éveil, examine, scrute, s'exalte, se désespère, s'amuse.

L'Inconnu sur la terre
Gallimard, 1978
[p. 91-92].

Désert

Quand J.-M. G. Le Clézio publie *Désert*, il n'en a vraiment approché la réalité physique que très peu de temps auparavant. Avant cette expérience vécue aux côtés de Jemia, il en avait traversé certains mais sans jamais s'y arrêter. Il s'agissait en somme d'une attirance verbale. « J'étais attiré par ce que les autres en avait dit »*, confie-t-il, poursuivant : « Un peu comme quelqu'un qui écrit, guidé vers le désert par les légendes et les paroles. »*

[...]

Lalla aime suivre le Hartani. Elle marche derrière lui, le long du sentier qu'il ouvre. Ce n'est pas exactement un sentier, parce qu'il n'y a pas de traces, et pourtant, quand le Hartani s'avance, on voit que c'est bien là qu'est le passage, et pas ailleurs. Peut-être que ce sont des sentiers pour les chèvres et pour les renards, pas pour les hommes. Mais lui, le Hartani, il est comme l'un deux, il sait des choses que les hommes ne savent pas, il les voit avec tout son corps, pas seulement avec ses yeux.

C'est comme pour les odeurs. Quelquefois le Hartani marche très loin sur la plaine de pierres, dans la direction de l'est. Le soleil brûle sur les épaules et sur le visage de Lalla, et elle a du mal à suivre le berger. Lui ne s'occupe pas d'elle alors. Il cherche quelque chose, presque sans s'arrêter, un peu penché vers le sol, bondissant de roche en roche. Puis tout d'un coup il s'arrête, et il met son visage contre la terre, à plat ventre comme s'il était en train de boire. Lalla s'approche doucement, tandis que le Hartani se relève un peu. Ses yeux de métal brillent de plaisir, comme s'il avait trouvé la chose la plus précieuse du monde. Entre les cailloux, dans la terre poudreuse, il y a une touffe verte et grise, un tout petit arbuste aux feuilles maigres comme il y en a tant ici, mais quand Lalla approche son visage à son tour, elle sent le parfum, faible d'abord, puis de plus en plus profond, le parfum des plus belles fleurs, l'odeur de la menthe et de l'herbe chiba, l'odeur des citrons aussi, l'odeur de la mer et du vent, des prairies en été. Il y a tout cela, et bien davantage, dans cette plante minuscule, sale et fragile, qui pousse à l'abri des cailloux au milieu du grand plateau aride ; et seul le Hartani le sait.

C'est lui qui montre à Lalla toutes les belles odeurs, parce qu'il connaît leurs cachettes. Les odeurs sont comme les cailloux et les animaux, elles ont chacune sa cachette. Mais il faut savoir les chercher, comme les chiens, à travers le vent, en flairant les pistes minuscules, puis en bondissant, sans hésiter, jusqu'à la cachette.

Le Hartani a montré à Lalla comment il faut faire. Autrefois, elle ne savait pas. Autrefois, elle pouvait passer à côté d'un buisson, ou d'une racine, ou d'un rayon de miel, sans rien percevoir. L'air est si plein de senteurs ! Elles bougent tout le temps, comme des souffles, elles montent, elles descendent, elles se croisent, se mélangent, se séparent. Au-dessus des traces d'un lièvre flotte l'étrange odeur de la peur, et un peu plus loin, le Hartani fait signe à Lalla d'approcher. Sur la terre rouge, d'abord, il n'y a rien, mais peu à peu, la jeune fille distingue quelque chose d'âcre, de dur, l'odeur de l'urine et de la sueur, et d'un seul coup elle reconnaît l'odeur : c'est celle d'un chien sauvage, affamé, au poil hérissé, qui courait à travers le plateau à la poursuite du lièvre.

Lalla aime passer les jours avec le Hartani. Elle est la seule à qui il montre toutes ces choses. Les autres, il s'en méfie, parce qu'ils n'ont pas le temps d'attendre, pour chercher les odeurs, ou pour voir voler les oiseaux du désert. Il n'a pas peur des gens. Ce serait plutôt lui qui ferait peur aux gens. Ils disent qu'il est « mejnoun », possédé des démons, qu'il est magicien, qu'il a le mauvais œil. Lui, le Hartani, est celui qui n'a pas de père ni de mère, celui qui est venu de nulle part, celui qu'un guerrier du désert a déposé un jour, près du puits, sans dire un mot. Il est celui qui n'a pas de nom. Quelquefois Lalla voudrait bien savoir qui il est, elle voudrait bien lui demander :

« D'où viens-tu ? »

Désert
Gallimard, 1980
[p.121-122].

Voyage à Rodrigues

Le Clézio ne connaissait de son grand-père que l'image d'un homme vieilli, vieux magistrat à l'air rêveur et hautain, jusqu'à ce qu'il découvre dans une cassette noire, à laquelle enfant il n'avait jamais eu accès, des documents codés et cryptés, attestant que le vieil homme avait passé une partie de sa vie à chercher un trésor. C'est sur les pas de celui-ci qu'il part, avec le projet d'écrire deux livres : un roman, *Le Chercheur d'or,* et un journal de son voyage vers l'île Rodrigues intitulé *Voyage à Rodrigues.*

[...]

Assis sur les pierres de la tour en ruine, frappé par les bourrasques, je regarde les collines alentour où surgissent les ombres des nuages pareilles à des fumées, que le vent violent entraîne vers le nord-ouest, vers la haute mer sombre. Je regarde la mer, les ourlets d'écume, l'horizon. Je regarde surtout la vallée de la rivière Roseaux, immobile, inchangée, malgré tous les toits des cases et les plantations de cocos. Exactement devant moi, à l'opposé de la vallée, il y a l'ouverture sombre du ravin où mon grand-père a fait ses fouilles, et les marques des sondages sont visibles clairement, comme les traces des chocs d'aérolithes sur la lune. Peu à peu, comme je regarde plus attentivement, je vois apparaître d'autres traces, des coups, des cicatrices sur le flanc des collines de l'est. Sur les pentes arides, les blessures ne se sont pas refermées, les pierres déplacées montrent encore la place sombre qu'elles occupaient. Tant de travail inutile me surprend et m'émeut, comme ces traces laissées par des hommes inconnus sur des lieux devenus déserts, à Monte Alban au Mexique, par exemple, ou bien dans la Vallée des

Merveilles. Travail inutile ? Mais qui suis-je pour juger de cela ? Il y a un secret fébrile dans ces traces, et je ne puis le comprendre, car cela vient d'une époque pour moi inconnue, dont je ne peux percevoir que des bribes, cela parle d'une vie d'homme pour moi aussi étrangère que si elle avait été vécue il y a mille ans. Ce que cet homme a connu, ce qu'il a voulu, espéré, tout cela s'est évanoui, et il ne reste plus dans mes mains que de vieux papiers que le vent froisse, et sur le paysage de pierre dure, que ces traces fragmentées, ces signes, ces fossiles.

Chaque soir, les véritables joyaux, les étoiles. La lune aussi, magnifique dans toutes ses phases, éclairant la nuit. Vénus, pure et belle, diamant à l'éclat si intense qu'il éclaire la mer au-dessous de lui comme un phare. Vénus qui attira les astronomes anglais jusqu'ici, pour qui ils entreprirent ce long voyage, et élaborèrent cette plate-forme d'observation.

J'imagine mon grand-père, à la fin de ces journées exténuantes au milieu des rochers, ou bien creusant ses trous et ses tranchées avec comme ouvriers un ou deux hommes et un enfant, dans la chaleur torride de décembre, et la nuit venue, assis sur une roche, devant la hutte qu'il habitait (celle d'Arnold Roustier ou d'Ange Raboud), regardant Vénus étincelante dans le ciel bleu-noir, et le ciel tout entier devait alors lui sembler le plan d'un secret, comme le tracé original de tous les mystères qu'il avait entrepris de déchiffrer.

Voyage à Rodrigues (1986)
Gallimard, 1986 ; rééd., coll. « Folio »
[p. 32-34].

Onitsha

« Inspiré » du voyage qu'il fit en 1948, en compagnie de sa mère et de son frère, pour retrouver son père au Nigeria, *Onistha,* raconte cette découverte du père et de l'Afrique. « Ayant écrit deux romans en vivant cette traversée – « Un long voyage » et « Oradi noir » –, il a fallu laisser passer beaucoup de temps avant que je me dise : cela vaut-il la peine de les réécrire, ou de les réécrire autrement ? »*

[...]

La nuit, cette première nuit en mer, Fintan ne pouvait pas dormir. Il ne bougeait pas, il retenait sa respiration, pour entendre le souffle régulier de Maou, malgré les vibrations et les craquements des membrures. La fatigue brûlait son dos, les heures d'attente à Bordeaux, sur le quai, dans le vent froid. Le voyage en chemin de fer depuis Marseille. Et puis toutes ces journées qui avaient précédé le départ, les adieux, les larmes, la voix de grand-mère Aurelia qui racontait mille histoires drôles pour ne pas penser à ce qui arrivait. L'arrachement, le trou laissé dans la mémoire. « Ne pleure pas *bellino*, et si j'allais te voir là-bas ? » Le lent mouvement de la houle lui serrait la poitrine et la tête, c'était un mouvement qui vous prenait et vous emportait, un mouvement qui vous étreignait et vous faisait oublier, comme une douleur, comme un ennui. Dans la couchette étroite, Fintan serrait les bras contre son corps, il laissait le mouvement le rouler sur sa hanche. Il tombait, peut-être, comme autrefois pendant la guerre, il glissait en arrière, vers l'autre côté du monde. « Qu'est-ce qu'il y a là-bas ? Là-bas ? » Il entendait la voix de sa tante Rosa : « Qu'est-ce qu'il y a de si bien là-bas ? Est-ce qu'on n'y meurt pas ? » Il cherchait à voir, après le rayon vert, après le ciel tombant sur la mer. « Il était une fois, un pays où on arrivait après un long voyage, un pays où on arrivait quand on avait tout oublié, quand on ne savait même plus qui on était… »

La voix de grand-mère Aurelia résonnait encore sur la mer. Dans le creux dur de la couchette, avec la vibration des machines dans son corps, Fintan écoutait la voix qui parlait toute seule, qui cherchait à retenir le fil de l'autre vie. Déjà il avait mal d'oublier. « Je le déteste, je le déteste. Je ne veux pas partir, je ne veux pas aller là-bas. Je le déteste, il n'est pas mon père ! » Les membrures du bateau craquaient à chaque vague. Fintan essayait d'entendre la respiration tranquille de sa mère. Il chuchotait fort : « Maou ! Maou ! » Et comme elle ne répondait pas, il se glissait hors de la couchette. La cabine était éclairée par un jour au-dessus de la porte, six fentes verticales. Il y avait une ampoule électrique juste de l'autre côté, dans le couloir. Tandis qu'il se déplaçait, il voyait le filament briller à travers chaque fente. C'était une cabine intérieure, sans hublot, ils n'avaient pas les moyens. L'air était gris, étouffant et humide. Les yeux grands ouverts, Fintan cherchait à voir la silhouette de sa mère, endormie sur l'autre couchette, emportée, elle aussi, à l'envers sur l'océan en mouvement. Les membrures craquaient dans le travail de la houle, qui poussait, retenait, poussait encore.

Fintan avait les yeux pleins de larmes, sans trop savoir pourquoi. Il avait mal au centre de son corps, là où la mémoire se défaisait, s'effaçait.

Onitsha (1991)
Gallimard, 1991 ; rééd., coll. « Folio »
[p. 16-18].

La Fête chantée

Dans ce recueil de textes sur les Amérindiens, Le Clézio lève un voile sur le séjour qu'il effectua dans le Darién panaméen, et rappelle la grande richesse de ces peuples : « Leur voix est une voix importante dans le concert des voix de l'humanité. Pourquoi ne l'écoutons-nous pas ? Ces gens ont élaboré, tout au long de générations successives, une réponse à beaucoup de questions qu'on se pose aujourd'hui, et on ne les entend pas. Voilà ce qui m'attire : j'ai envie de les entendre. »*

[...]

Un soir, il m'a donné à boire le jus des feuilles du datura, broyées dans une petite calebasse. Chacun a sa mesure. S'il la dépasse, il connaît la folie. La mesure est écrite sur la longueur de l'ongle du petit doigt. Trois soirs de suite, j'ai bu le jus amer, et j'ai dormi. Mais le quatrième soir, j'ai vu ce que le devin voulait me montrer. J'ai arpenté l'escarpement devant sa maison en titubant, jusqu'au fleuve. Je brûlais de fièvre. À un moment, j'étais si agressif que je devenais dangereux. J'étais en colère, je voulais me battre. Je risquais de tomber à l'eau. Colombia m'a maîtrisé, simplement en prenant mes poignets et en les croisant devant moi. Puis il m'a fait boire des litres d'eau sucrée au jus de canne. À aucun moment il n'a utilisé la violence. Tout au long de cette interminable nuit, pendant que je vivais des rêves, des cauchemars, il est resté à côté de moi. Son visage était très doux, il brillait d'une lueur familière, éclairé par un léger sourire.

J'ai voulu écrire cela. Au réveil, j'ai pris des notes, avec hâte, comme si j'allais tout perdre. J'interrogeais Colombia sur ce que j'avais vu, cet arbre couvert d'yeux, ou le géant vêtu d'un pagne bleu qui me regardait, debout sur l'autre rive, ou encore la maison de l'araignée, le village des esprits, et lui se contentait de hocher la tête. Tout cela existait, c'était simplement la réalité du monde qu'il habitait, et que les autres ne voyaient pas.

Plus tard, alors qu'il ne me restait rien que le bâton sculpté, homme d'un côté, femme de l'autre, que Colombia m'avait donné, j'ai compris que cela devait rester en moi, que je ne pouvais pas en parler. Ce n'était pas une aventure extérieure, dans le genre d'un voyage, ou d'une expérience. C'était là, cela m'attendait, et Colombia m'avait permis de l'atteindre. Juste une fois. Maintenant je devais m'efforcer de vivre comme si c'était naturel, et rester en dehors, dans mon monde, loin du pays d'Iwa. Alors j'ai renoncé à l'écrire, j'ai égaré mes notes, car c'est en perdant certaines choses qu'on les gagne. C'était cela que Colombia voulait me dire.

La Fête chantée
Le Promeneur, 1997
[p. 19-20].

Révolutions

Se plaçant sous le signe de saint Augustin, pour lequel les âmes se doivent d'accomplir leur « révolution » avant de rencontrer Dieu et de renaître, J.-M. G. Le Clézio retrouve ici le chemin initial de la Bretagne et celui du grand ancêtre François Alexis Le Clézio. Depuis *Le Procès-verbal,* Le Clézio ne cesse de creuser dans la direction d'un village situé à onze kilomètres à l'ouest de Sainte-Menehould, à Valmy, très exactement. C'est là, pour lui, que Maurice commence, sur les terres de la grande confrontation avec son arbre généalogique.

[...]

J'ai quitté Runello le jour de mes dix-huit ans. Au moment que je le quittais, je ne savais pas que je ne reviendrais plus y vivre. Quand on est jeune, on ne pense pas aux conséquences des décisions qu'on prend, on fait tout avec emportement, avec impatience, sans calcul. Je n'étais pas le seul à m'engager. D'autres étaient déjà partis, des fermes voisines, des villages, de Neuillac, Pontivy, du Faouët, de Mûr-de-Bretagne. Il y avait la rumeur de guerre. Les jeunes gens abandonnaient tout, les bêtes, la moisson, pour se jeter sur les routes. Je n'ai parlé de mon projet à personne. Ma mère, surtout, ne l'aurait pas supporté. J'étais le seul homme de la maison, elle ne trouvait pas d'ouvrier, le moulin marchait mal. Nous vivions d'expédients, du loyer de la maison de la rue Fulvy à Lorient, de la vente des légumes et du lait. Pourtant, à ma sœur Pauline j'ai tout avoué, la veille de mon départ. Je voulais qu'elle sache que je ne fuyais pas, que je partais pour accomplir un devoir. De toute façon elle s'en doutait bien, parce qu'elle m'avait entendu parler de la Révolution, de ce monde meilleur qui devait s'instaurer, de la chute de la tyrannie. Elle a essayé de m'en dissuader, à cause de ma mère, mais quand elle a compris que ma décision avait été prise, elle a tourné la tête et sa voix s'est étouffée, mais elle ne voulait pas pleurer. Elle m'a dit, pars, puisque c'est cela que tu veux. Ne nous oublie pas. Je lui ai parlé aussi de ma fiancée Marie Anne, je l'ai chargée de l'embrasser, de veiller sur elle et de lui dire que je l'épouserais à mon retour. Pauline a préparé mon bagage pour la route, juste un havresac à bandoulière dans lequel elle a mis mon linge, un pain et du fromage. Elle a insisté pour que j'emporte le seul bien qui venait de mon père, sa flûte d'argent avec laquelle j'avais étudié la musique au collège. Je refusai, lui disant qu'elle serait volée, mais elle a insisté : quand tu joueras des airs d'ici, tu penseras à nous. Elle a ajouté : n'oublie pas de huiler les parties mobiles. Je voulais emporter aussi un livre, et tout ce que j'ai trouvé, c'est une grammaire latine, qui contient à la fin des pensées de Marc Aurèle et que m'avait donnée l'abbé Gendron à la fin de ma classe de rhétorique. Je me suis moqué de moi en mettant le petit livre en haut de mon sac : voilà que je vais devenir un vrai soldat-philosophe.

Tôt le matin du 25 juillet, j'ai commencé à marcher sur le chemin de halage qui longe l'Ellé. Il avait plu dans la nuit, la route était remplie de flaques, mais le soleil revenu faisait briller les gouttes d'eau sur les buissons d'aubépines. Il y avait un joli ciel où couraient les nuages légers, et je crois que je n'avais jamais été aussi heureux de ma vie. Je ne me souviens même pas de m'être retourné pour regarder une dernière fois les toits de Runello, comme on dit que font ceux qui partent de leur patrie pour toujours.

Révolutions
Gallimard, 2003
[p. 59-60].

L'Africain

Ogoja reste pour le romancier comme un trésor caché, un passé lumineux qu'il ne veut pas perdre. Tous deux, le père et le fils, ont aimé l'Afrique parce qu'elle leur rappelle l'île Maurice. En reconnaissant enfin ce père mauricien venu de Londres, J.-M. G. Le Clézio boucle la boucle : l'Africain n'est autre que lui-même.

[...]

Quelque chose m'a été donné, quelque chose m'a été repris. Ce qui est définitivement absent de mon enfance : avoir eu un père, avoir grandi auprès de lui dans la douceur du foyer familial. Je sais que cela m'a manqué, sans regret, sans illusion extraordinaire. Quand un homme regarde jour après jour changer la lumière sur le visage de la femme qu'il aime, qu'il guette chaque éclat furtif dans le regard de son enfant. Tout cela qu'aucun portrait, aucune photo ne pourra jamais saisir.

Mais je me souviens de tout ce que j'ai reçu quand je suis arrivé pour la première fois en Afrique : une liberté si intense que cela me brûlait, m'enivrait, que j'en jouissais jusqu'à la douleur.

Je ne veux pas parler d'exotisme : les enfants sont absolument étrangers à ce vice. Non parce qu'ils voient à travers les êtres et les choses, mais justement parce qu'ils ne voient qu'eux : un arbre, un creux de terre, une colonne de fourmis charpentières, une bande de gosses turbulents à la recherche d'un jeu, un vieillard aux yeux troubles tendant une main décharnée, une rue dans un village africain un jour de marché, c'étaient toutes les rues de tous les villages, tous les vieillards, tous les enfants, tous les arbres et toutes les fourmis. Ce trésor est toujours vivant au fond de moi, il ne peut pas être extirpé. Beaucoup plus que de simples souvenirs, il est fait de certitudes.

Si je n'avais pas eu cette connaissance charnelle de l'Afrique, si je n'avais pas reçu cet héritage de ma vie avant ma naissance, que serais-je devenu ?

Aujourd'hui, j'existe, je voyage, j'ai à mon tour fondé une famille, je me suis enraciné dans d'autres lieux. Pourtant, à chaque instant, comme une substance éthéreuse qui circule entre les parois du réel, je suis transpercé par le temps d'autrefois, à Ogoja. Par bouffées cela me submerge et m'étourdit. Non pas seulement cette mémoire d'enfant, extraordinairement précise pour toutes les sensations, les odeurs, les goûts, l'impression de relief ou de vide, le sentiment de la durée.

C'est en l'écrivant que je le comprends, maintenant. Cette mémoire n'est pas seulement la mienne. Elle est aussi la mémoire du temps qui a précédé ma naissance, lorsque mon père et ma mère marchaient ensemble sur les routes du haut pays, dans les royaumes de l'ouest du Cameroun. La mémoire des espérances et des angoisses de mon père, sa solitude, sa détresse à Ogoja. La mémoire des instants de bonheur, lorsque mon père et ma mère sont unis par l'amour qu'ils croient éternel. Alors ils allaient dans la liberté des chemins, et les noms de lieux sont entrés en moi comme des noms de famille, Bali, Nkom, Bamenda, Banso, Nkong-samba, Revi, Kwaja. Et les noms de pays, Mbembé, Kaka, Nsungli, Bum, Fungom. Les hauts plateaux où avance lentement le troupeau de bêtes à cornes de lune à accrocher les nuages, entre Lassim et Ngonzin.

Peut-être qu'en fin de compte mon rêve ancien ne me

trompait pas. Si mon père était devenu l'Africain, par la force de sa destinée, moi, je puis penser à ma mère africaine, celle qui m'a embrassé et nourri à l'instant où j'ai été conçu, à l'instant où je suis né.

L'Africain
Mercure de France, 2004
[p. 103-104].

82

J.-M. G. Le Clézio, 1988.

©Louis Monnier/Gamma/Eyedea

113

J.-M. G. Le Clézio, sur la route de Los Lunas, Albuquerque, Nouveau Mexique, 2006.

©Jean-Noel de Soye/Rapho/Eyedea

115

Carte de l'Afrique, 1940-1950.

©Dr

116

Nice, balcon en façade de l'immeuble que la famille Le Clézio occupa Place Île de Beauté.

©Béatrice Heyligers

117

18 novembre 1963 : J.-M. G. Le Clézio reçoit le prix Renaudot pour *Le Procès-verbal*.

©Étienne Humbert/Éditions Gallimard

118

Soleil, laine collée, objet Huichol (Mexique) appartenant à J.-M. G. Le Clézio reproduit dans *Haï*, 1971.

©Dr

119

L'Inconnu sur la terre, Gallimard, 1978, détail, p. 76.

Éditions Gallimard, 1978

120-121

Feuillet manuscrit de *Désert*.

©Béatrice Heyligers

122

En 1984, paraît la version de la *Relation de Michoacan* : « D'où peuvent-ils venir, ceux qui arrivent, si ce n'est du ciel ? » (illustration du manuscrit original).

©Dr

...

AFRIQUE
Echelle
0 500 1000 K.
EUROPE
FRANCE
Bordeaux
Madrid
Barcelone
ESPAGNE
PORTUGAL
Lisbonne
Corse
Sardaigne
Rome
ITALIE
M. NOIRE
Istanbul (Constantinople)
Ankara
TURQUIE
GRÈCE
Athènes
Smyrne
Crète
Chypre
Beirout
Damas
Jérusalem
Mossoul
Bagdad
Téhéran
IRAN
MER CASPIENNE
ASIE
ARABIE
Bassora
G. Persique
HEDJAZ
Médine
La Mecque
Djeddah
YÉMEN
Aden
G. d'Aden
OCÉAN
ATLANTIQUE
Gibraltar
Tanger
Rabat
Casablanca
Mogador
I. Madère (P)
Is Canaries (E)
Ifni (E)
MAROC
ALGÉRIE
Alger
Oran
Constantine
Tunis
Bizerte
Sfax
G. de Gabès
Tripoli
TRIPOLITAINE
BARKA
CYRÉNAÏQUE
LIBYE
FEZZAN
Mourzouk
Désert de Libye
Koufra
Alexandrie
Pt Saïd
Suez
Sinaï
Le Caire
Fayoum
EGYPTE
Siout
Assouan
Tropique du Cancer
Wadi Halfa
Abou Hamed
Souakim
Port Soudan
Dongola
Berber
SOUDAN
ANGLO-EGYPTIEN
Khartoum
Omdourman
Kassala
Massaouah
ÉRYTHRÉE
El Fâcher
El Obéid
DAR FOUR
KORDOFAN
Kodok (Fachoda)
Djibouti
SOMALIE
Addis-Abeba
ÉTHIOPIE
OGADEN
SOMALIE
Mogadiscio
TERRITOIRES DU SUD
In Salah
TOUAT
AHAGGAR
SAHARA
SAHARA OCCIDI (RIO DE ORO)
Villa Cisneros (E)
C. Blanc
ADRAR
Taoudeni
Dunes d'Iguidi
Dést el-Djouf
Tagant
MAURITANIE
AFRIQUE OCCTLE FRANÇSE
AÏR
Agadès
Tombouctou
TIBESTI
BORKOU
ENNEDI
NIGER
Zinder
SOUDAN
St Louis
Dakar
C. Vert
SÉNÉGAL
Kayes
Ségou
Bamako
Niamey
L. Tchad
Abéché
OUADAÏ
Ft Lamy
Sokoto
Kano
BORNOU
GAMBIE
GUINÉE FRse
Konakry
Freetown
SIERRA LEONE
Monrovia
LIBERIA
CÔTE D'IVOIRE
CÔTE DE L'OR
Coumassie
TOGO
DAHOMEY
NIGERIA
Lagos
Abidjan
Accra
Lomé
C. des Palmes
Golfe de Guinée
Golfe de Bénin
I. Fernando Po (E)
Douala
CAMEROUN
Yaoundé
GUINÉE ESPAGN.
I. S. Thomé
Libreville
GABON
C. Lopez
I. Annobon (E)
AFRIQUE ÉQUAT. FRse
Equateur
OCÉAN
Brazzaville
Léopoldville
Cabinda
Banana
Matadi
CONGO BELGE
Stanleyville
Coquilhatville
L. Albert
L. Léopold II
Albertville
L. Victoria
OUGANDA
KENYA
Nairobi
Kilima Ndjaro
Mombasa
I. Pemba
Zanzibar
Dar es Salam
I. Mafia
Kiloua
TANGANYIKA
L. Tanganyika
OCÉAN INDIEN
Ascension (A)
St Paul de Loanda
LOANDA
ANGOLA
Benguella
BENGUELLA
Nova Lisboa
Mossamédès
MOSSAMÉDÈS
ATLANTIQUE
Ste Hélène (A)
C. Frio
NYASSA LAND
L. Nyassa
RHODESIA DU SUD
Chutes Victoria
Salisbury
Bulawayo
Zomba
MOZAMBIQUE (P)
Beira
Sofala
Canal de Mozambique
Mozambique
Comores (F)
C. d'Ambre
Diego Suarez
Nossi-Bé
Majunga
Tamatave
Tananarive
MADAGASCAR
Tuléar
Ft Dauphin
C. Ste Marie
DAMARA Ld
SUD-OUEST AFRICAIN
Walfish Bay
Windhoek
NAMAQUA LAND
BECHUANA Ld
Désert de Kalahari
TRANSVAAL
Pretoria
Johannesbourg
B. Delagoa
Lourenço Marques
ORANGE
NATAL
Maritzbourg
Durban
Bloemfontein
Kimberley
PROVce DU CAP
Le Cap
East London
Pt Elizabeth
C. de Bne Espérance
C. des Aiguilles
Tropique du Capricorne
Afrique
Is Comores
Is Glorieuses
Gde Comore
Mohéli
Anjouan
Mayotte
Nossi-Bé
C. d'Ambre
Diego Suarez
Antsirane
Vohémar
AFRIQUE ORle PORTse
Mozambique
CANAL DE MOZAMBIQUE
C. St André
Majunga
I. Juan de Nova (F)
Maintirano
Tananarive
Tamatave
Morondava
Fianarantsoa
Mananjary
Farafangana
Tuléar
I. de l'Europe
B. St Augustin
Tropique du Capricorne
Fort Dauphin
C. Ste Marie
Is Mascareignes
St Denis
I. Maurice
I. de la Réunion (F)
OCÉAN INDIEN
MADAGASCAR
Echelle
0 250 500 K.
LA RÉUNION
St Denis
Ste Marie
St André
St Benoît
St Paul
St Leu
St Louis
St Pierre
Cascades
Piton Bory
Pte de la Table
OCÉAN INDIEN
ERYTHRÉE
Golfe d'Aden
Obock
Tadjoura
Djibouti
Zeila (A)
SOMALIE FRANÇAISE
MÉDITERRANÉE
Damiette
Pt Saïd
Ismaïlia
Tell el Kebir
L. Amers
Gizeh
Pyramides
Le Caire
Suez
Sequela
Bondoukou
Bouaké
(F)
CÔTE D'IVOIRE
Kintampo
ACHANTIS
(A)
CÔTE DE L'OR
Coumassie
TOGO (F)
DAHOMEY
NIGERIA (A)
Ibadan
Abeokouta
Lagos
P. Novo
Lomé
Adda
Accra
Cape Coast Castle
C. des 3 Pointes
Grand Lahou
Bingerville
Assinie
Grand Bassam
Sassandra
Golfe de Guinée

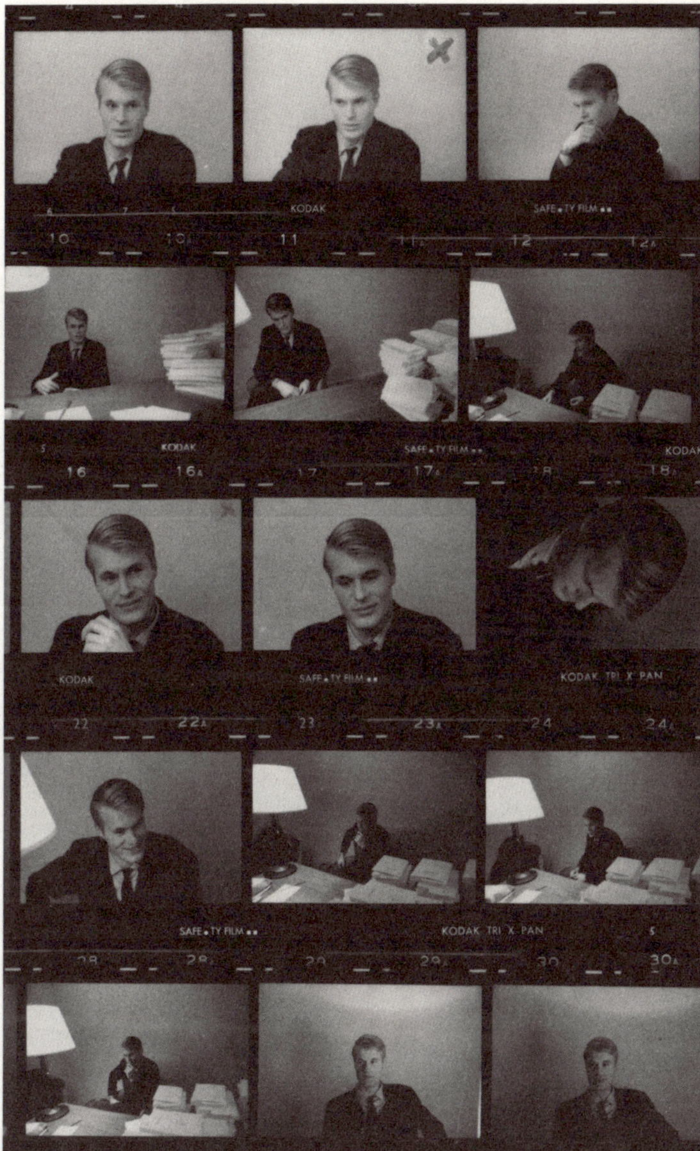
KODAK
SAFE.TY FILM
10
11
12
KODAK
SAFE.TY FILM
KODAK
16
16A
17A
KODAK
SAFE.TY FILM
KODAK TRI X PAN
22
22A
23
23A
24
24A
SAFE.TY FILM
KODAK TRI X PAN
28A
29A
30
30A
KODAK TRI X PAN

Écrire, ça serait tout à fait bien si on pouvait en même temps voir ce qu'on écrit, si les mots pouvaient bouger et changer de place comme les oiseaux, voyager.

17 Il y avait autour de lui, sur le trottoir, et dans l'air même, tous ces signes qui font naître la crainte, qui veulent dire qu'il y a quelque part un Dieu caché. Les gens venaient de l'autre bout de la ville, de zones d'ombre et de tristesse, et ils arrivaient devant le temple. Ils entraient dans le couloir de la foule, leurs pieds se posaient sur des traces, leurs mains se frôlaient. Ils descendaient de leurs voitures ou de leurs autobus, et ils marchaient vers l'immense façade de verre, sans chercher à comprendre.

La jeune fille fit comme eux. Elle traversa la rue, elle marcha au milieu du flot d'hommes et de femmes, elle avança vers les quatre portes de verre aux poignées de métal doré. Devant elle, un homme en imperméable poussa le battant de verre et le donna à une femme aux cheveux gris qui le donna à une femme en manteau à carreaux, qui le donna à une femme en manteau de fourrure, qui le donna à un homme maigre, qui le donna à une femme avec un enfant, qui le donna à Bea. Elle le prit par la poignée dorée en forme de S et le poussa un peu en avant. Elle passa. Puis elle retint la porte jusqu'à la main tendue d'une femme à lunettes qui le prit sans dire merci.

La jeune fille avança dans l'immense hall. Elle vit que le plafond reposait sur des piliers de ciment. Un peu partout, les comptoirs de matière plastique brillaient en blanc. La foule serpentait autour d'eux, s'éloignait, se divisait, se retrouvait, avec beaucoup de mouvement de jambes. Bea B. marcha droit devant elle, entre deux rangées de comptoirs. Elle ne regardait rien. Elle ne pensait à rien, et son corps se faufilait entre les corps des femmes arrêtées. D'autres venaient en sens inverse, et elle avait tout juste le temps d'apercevoir leurs yeux noirs ouverts sur leurs visages blancs.

Bea B. traversa une zone pleine de parfums écœurants. Des femmes en blouses roses derrière des établis lumineux la regardaient, et leurs visages peints étaient tous les mêmes. Les cheveux de nylon rouge étaient coiffés en chignons compliqués. Bea B. marcha devant un grand panneau de carton sur lequel étaient dessinés deux yeux immenses, qui vous suivaient au passage. Deux yeux pareils à deux insectes, espèces de chenilles aux couleurs irisées, magiques, grands cercles bleu-vert bordés d'une frange de poils noirs, qui nageaient au milieu du carton blanc. En dessous, il y avait écrit :

les petites rides
qui en disent long
Prévenez-les
Combattez-les
avec Skin Dew
RUBINSTEIN

quand Bea B. s'arracha à l'empire des yeux, autre chose survint : loin derrière la série de comptoirs, au milieu de la foule, une femme était arrêtée sous une barre de néon. Bea B. regarda son visage et ses mains blafardes, sans relief, dans le genre d'un cadavre, et cette robe qui serrait son corps, une couleur violacée, violente, volatile, et elle sentit que ce serait facile de se perdre. Puis un mouvement de la foule masqua tout d'un coup la femme blanche à la robe violette, et la vision s'installa quelque part au fond d'elle, elle marqua le passage de quelques secondes inoubliables, la douleur nette contre laquelle on ne peut rien, de l'incompréhensible.

Bea B. continua à errer au hasard dans le hall du magasin. Tout ce qu'elle voyait était à la fois très ancien et totalement nouveau. C'étaient les vaguelettes qui courent sur la mer, les femmes sur la paroi du gouffre. On découvrait des signes, des escarres, des bouts d'os. Ou bien elle était à l'intérieur du ventre, enfin, au centre de la pyramide humaine. Et ce qu'elle voyait là, c'étaient tous les indices de ce qui allait un jour apparaître au dehors, quand on aurait enfin émergé dans la vraie vie.

Elle voyait : des jambes coupées debout sur des socles. Des bouteilles pleines de liquides couleur d'ambre. Des photos de femmes en train de sourire, en montrant leurs incisives blanches. Des tubes de lumière blanche, ou rouge, ou bleue, plus beaux que des écoulements de lave. Des hublots de verre incrustés dans le sol. Des étendues de matière plastique sans herbe et sans poussière. Des figures mobiles pendant dans le ciel. Des ventilateurs. Et tout le temps, partout, des hordes de visages glissant sur les corps, sans expression, sans volonté. Cela se passait là, à l'intérieur du hall blanc du grand temple, loin du temps et de la mort, dans la bulle légère formée sur la surface de la terre, tandis que l'infini appuyait de toutes parts.

La jeune fille arriva ainsi, poussée par les bras et les hanches des autres, au centre du hall. Là, s'élevaient deux escaliers roulants qui montaient tout seuls, et un grand écriteau de verre sur lequel étaient écrits des suites de petits mots :

Alimentation
Articles de Paris
Arts ménagers
Bain de mer
Bas
Bijouterie
Blanc x plastique
Blouse
Bonneterie pour dames
Bonnets chemises hommes
Brasserie
Bois blanc
Boutique 20 ans

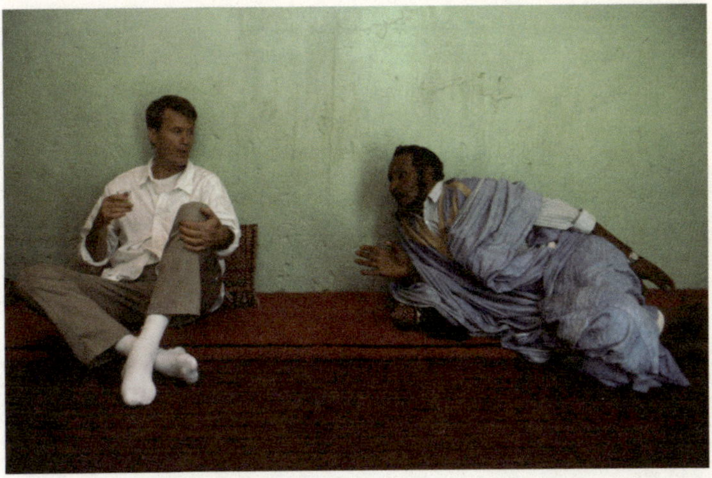

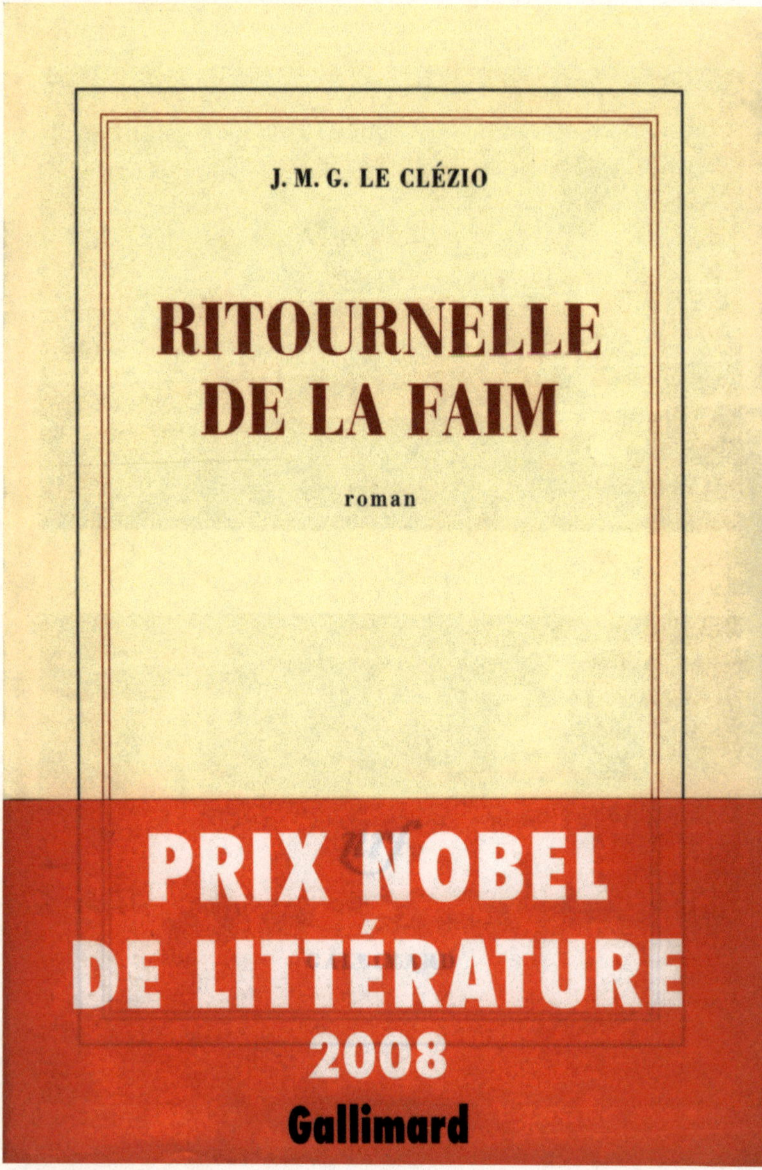
J. M. G. LE CLÉZIO
RITOURNELLE DE LA FAIM
roman
PRIX NOBEL DE LITTÉRATURE 2008
Gallimard

...

123

« Eurêka et la montagne Oury » (Île Maurice), aquarelle peinte par le grand-père de J.-M. G. Le Clézio.

124

Vallée de la Sahguia el Hamra : « C'est Tbeila, le Rocher, [...] c'est ici que Sidi Ahmed el Aroussi a touché terre [...] » (*Gens des nuages*, 1997).

125

J.-M. G. Le Clézio, Maroc, 1997.

J.-M. G. et Jemia Le Clézio, 1999

126

Ritournelle de la faim, dernier ouvrage paru avant l'attribution du prix Nobel de Littérature, le 9 octobre 2008.

128

Volcan Paricutín, Mexique, 1946.

133

L'une des trois bibliothèques familiales ; elle contient notamment le fameux *Dictionnaire de la conversation*.

134

Couverture de *L'Africain*, 2004.

141

Onitsha, 1991

142

Le Rêve mexicain, 1988

1940
Jean-Marie Gustave Le Clézio naît à Nice le 13 avril, d'un père britannique d'origine bretonne et d'une mère française, cousins germains, de la même origine mauricienne.

1943-1945
Passe la période de la guerre avec sa mère et ses grands-parents à Roquebillière, petit village des Alpes-Maritimes. Se plonge dans les trois bibliothèques familiales et apprend l'anglais.

1946-1947
Découvre dans le *Geographical Magazine* des photos du volcan Paricutín qui vient de naître au Mexique. Trente ans plus tard, il ira vivre au pied de ce même volcan.

1948-1949
Voyage au Nigeria pour retrouver son père. Découverte de l'Afrique (il y restera deux ans). Durant la traversée, qui dure un mois, il écrit deux romans, « Un long voyage » et « Oradi noir ».

1950-1951
Études primaires à Nice. Retour du père, adepte d'une éducation sévère. Envisage plusieurs métiers : watman, marin, écrivain de bandes dessinées. Écrit « Le Cheik blanc », personnage qu'on retrouvera dans *Désert*. Son père lui fait découvrir Charles de Foucault, le désert, et lui offre un livre sur les Aztèques.

1952-1958
Mort du grand-père paternel (1952). Projette d'écrire un livre qui aurait pour titre « Le Déluge ». Influencé par ses lectures de Rimbaud, il écrit de la poésie. Compose un livre philosophique et un récit d'aventures à la manière de Jules Verne. Renvoyé d'hypokhâgne, il doit se rendre au conseil de révision. C'est la guerre d'Algérie. Il obtient un sursis.

1959
Se rend à Bath, en Angleterre, où il trouve une place de professeur. S'inscrit à l'université de Bristol afin d'y préparer une licence d'anglais : échec.

1960-1962
Petit rôle dans *Chacun son alibi*, film de Mario Camerini. Épouse à Londres Marie-Rosalie.

Naissance de leur fille, Patricia, le 10 mai 1960. Obtient un certificat de grammaire et de philologie avec la mention bien (1962).

1963

Lauréat, à 23 ans, du prix Renaudot, avec *Le Procès-verbal*. Il est déçu, il aurait préféré le prix Formentor, qui lui aurait valu un séjour sur la fameuse île !

1964

Diplôme d'études supérieures – son thème : « La solitude dans l'œuvre d'Henri Michaux ». Entreprend, dans la foulée, un autre travail universitaire sur Lautréamont. Le seul exemplaire de cette thèse lui sera volé, vingt ans plus tard. Elle ne verra jamais le jour…

1965

Publication de *La Fièvre*, recueil de nouvelles écrit après la lecture de Salinger.

1966-1968

Publication de trois livres : *Le Déluge* en 1966, *L'Extase matérielle* et *Terra amata* en 1967. Service militaire à Bangkok, où il dénonce la prostitution. Déplacé, il travaille à la bibliothèque de l'Institut français d'Amérique latine de México, y découvre la civilisation amérindienne et apprend l'espagnol. Mort de sa grand-mère maternelle (1967). Croise Jemia, pour la première fois, en 1968.

1969

Le Livre des fuites, livre dont le sous-titre est « roman d'aventure ».

1970-1974

Partage la vie des Emberas et des Waunanas, Indiens du Darién panaméen. Publication en 1970 de *La Guerre*, en 1971 de *Haï*, et en 1973 des *Géants* et de *Mydriase*.

1975-1977

Se marie avec Jemia en 1975. Découverte du Maroc. Publication, la même année, de *Voyages de l'autre côté*. Commence à traduire les grands livres de la tradition amérindienne, notamment *Les Prophéties du Chilam Balam* (1976). Vit à Jacona, au Mexique. Présente, à l'université de Perpignan, une thèse d'histoire ayant pour thème « La relation

de Michoacan ».
Naissance d'Alice-Marie-Yvone (Amy), le 22 février 1977. Invité à donner des cours à Albuquerque (Nouveau-Mexique).

1978-1979

Le CNRS refuse à deux reprises sa candidature. Publication de trois livres en 1978 : *Vers les icebergs*, *L'Inconnu sur la terre*, et *Mondo et autres histoires*, vendu à 700 000 exemplaires. Entre au comité de lecture des éditions Gallimard.

1980

Reçoit le premier grand prix Paul-Morand pour l'ensemble de son œuvre. Publication de *Trois Villes saintes* et de *Désert*.

1981

Voyage aux îles Maurice et Rodrigues.

1982-1983

Naissance d'Anna, le 24 février 1982. Publication de *La Ronde et autres faits divers*.

1984

Présente et traduit *Relation de Michoacan*. Mort de son père.

1985-1986

Publication du *Chercheur d'or* (1985) et de *Voyage à Rodrigues* (1986).

1987-1988

Voyage à Haïti. *Le Rêve mexicain ou la Pensée interrompue*.

1989

Printemps et autres saisons, recueil de nouvelles.

1990

Participe au premier Festival du livre de l'océan Indien à Saint-Denis de la Réunion.
Retourne à Haïti.
Publication de *Sirandanes*, livre écrit avec Jemia.

1991

Lance, avec Jean Grosjean, la collection « L'aube des peuples » chez Gallimard. Publication de *Onitsha*.

1992

Publication de *Étoile errante*.
Georges Lavaudant met en scène *Pawana*. S'installe à Albuquerque.

1993

Publication de *Diego et Frida*.

1995

Publication de *La Quarantaine*.

1997

Publication en août de *Poisson d'or*. Puis de *La Fête chantée* et de *Gens des nuages*, livre écrit avec Jemia.

1999

Publication de *Hasard* et de *Angoli Mala*.

2000

Publication de *Cœur brûle et autres romances*.

2003

Publication de *Révolutions* et de *Peuple du ciel* suivi de *Les Bergers*. Intérêt particulier pour la Corée. Étudie les rites chamaniques. Occupe une chaire de professeur invité à l'université Ewha (Corée du Sud).

2005

Embarque à bord de La Boudeuse pour rencontrer une tribu oubliée, au cœur du Pacifique. Il en rapporte un livre : *Raga, approche du continent invisible*.

2006

Publication de *Ourania*.

2007

Publication de *Ballaciner*. En mars, il est l'un des 47 signataires du manifeste « Pour une littérature-monde ».

2008

Mort au printemps de la mère de Le Clézio. Publication, en septembre, de *Ritournelle de la faim*, livre écrit en Corée du Sud. Reçoit le prix Nobel de littérature le 9 octobre. Le jury parle alors de « l'aventure poétique et de l'extase sensuelle » de cet « explorateur d'une humanité au-delà et en dessous de la civilisation régnante », mais évoque aussi une « œuvre de la rupture ».

LA BRETAGNE
MICHOACAN

J.M.G. LE CLÉZIO
L'Africain
TRAITS ET PORTRAITS
MERCVRE DE FRANCE

Œuvres de J.-M. G. Le Clézio

Romans, récits et versions

. *L'Africain*
Paris, Mercure de France, coll. « Traits et portraits », 2004,
ISBN 2-7152-2470-2; rééd., Paris, Gallimard, coll. « Folio », 2005
ISBN 2-07-031847-8

. *Le Chercheur d'or*
Paris, Gallimard, coll. « Blanche », 1985; rééd. 1988,
ISBN 2-07-070247-2; coll. « Folio », 1988
ISBN 2-07-038082-3

. *Cœur brûle et autres romances*
Paris, Gallimard, coll. « Blanche », 2000,
ISBN 2-07-075980-6; rééd., coll. « Folio », 2002
ISBN 2-07-042334-4

. *Le Déluge*
Paris, Gallimard, coll. « Blanche », 1966,
ISBN 2-07-023823-7;
rééd., coll. « L'imaginaire », 1994
ISBN 2-07-073794-2

. *Désert*
Paris, Gallimard, coll. « Le chemin », 1980,
ISBN 2-07-020712-9; rééd., coll. « Folio », 1985
ISBN 2-07-037670-2

. *Étoile errante*

Paris, Gallimard, coll. « Blanche »,
1992 ; rééd., coll. « Folio », 1994
ISBN 2-07-038889-1

. *La Fièvre*

Paris, Gallimard, coll. « Le chemin », 1965 ; rééd., 1987,
ISBN 2-07-023822-9 ; coll. « L'imaginaire », 1991
ISBN 2-07-072257-0

. *Les Géants*

Paris, Gallimard, coll. « Le chemin », 1973,
ISBN 2-07-010788-4 ; rééd., coll. « Soleil », 1988,
ISBN 2-07-028426-3 ; coll. « L'imaginaire », 1997
ISBN 2-07-074769-7

. *La Guerre*

Paris, Gallimard, coll. « Soleil », 1970 ; rééd., coll. « Le chemin », 1971,
ISBN 2-07-027155-2 ; coll. « L'imaginaire », 1992
ISBN 2-07-072546-4

. *Hasard* suivi de *Angoli Mala*

Paris, Gallimard, coll. « Blanche », 1999,
ISBN 2-07-075537-1 ; rééd., coll. « Folio », 2001
ISBN 2-07-041629-1

. *L'Inconnu sur la terre*

Paris, Gallimard, coll. « Le chemin », 1978,
ISBN 2-07-029822-1 ; rééd., coll. « L'imaginaire », 1999
ISBN 2-07-075488-x

. *Le jour où Beaumont fit connaissance avec sa douleur*
Paris, Mercure de France, coll. « Bleue », 1985,
ISBN 2-7152-1370-0 ;
rééd., coll. « Le petit Mercure », 2001
ISBN 2-7152-2294-7

. *Le Livre des fuites. Roman d'aventures*
Paris, Gallimard, coll. « Le chemin », 1969,
ISBN 2-07-027154-4;
rééd., coll. « L'imaginaire », 1990
ISBN 2-07-071820-4

. *Mondo et autres histoires*
Paris, Gallimard, coll. « Blanche », 1978; rééd., coll. « Folio », 1982,
ISBN 2-07-037365-7; coll. « Folioplus » [dossier critique], 1996,
ISBN 2-07-039399-2; coll. « Folioplus classiques » [dossier critique], 2006
ISBN 2-07-033785-5

. *Mydriase*
Saint-Clément-de-Rivière, Fata Morgana, 1993
ISBN 2-85194-071-6

. *Onitsha*
Paris, Gallimard, coll. « Blanche », 1991,
ISBN 2-07-072230-9; rééd., coll. « Folio », 1993
ISBN 2-07-038726-7

. *Ourania*
Paris, Gallimard, coll. « Blanche », 2006,
ISBN 2-07-077703-0; rééd., coll. « Folio », 2007
ISBN 978-2-07-034643-1

· *Poisson d'or*

Paris, Gallimard, coll. « Blanche », 1997,
ISBN 2-07-074911-8; rééd., coll. « Folio », 1999
ISBN 2-07-040875-2

· *Printemps et autres saisons*

Paris, Gallimard, coll. « Le chemin », 1989,
ISBN 2-07-071364-4; rééd., coll. « Folio », 1991
ISBN 2-07-038377-6

· *Le Procès-verbal*

Paris, Gallimard, coll. « Le chemin », 1963,
ISBN 2-07-023821-7;
rééd., coll. « Folio », 1973
ISBN 2-07-036353-8

· *Les Prophéties du Chilam Balam*

[version et présentation]
Paris, Gallimard, coll. « Le chemin », 1976
ISBN 2-07-029447-1

· *La Quarantaine*

Paris, Gallimard, coll. « Blanche », 1995,
ISBN 2-07-074318-7; rééd., coll. « Folio », 1997
ISBN 2-07-040210-X

· *Relation de Michoacan*

[version et présentation]
Paris, Gallimard, coll. « Tradition », 1984
ISBN 2-07-070042-9

. *Révolutions*
Paris, Gallimard, coll. « Blanche », 2003,
ISBN 2-07-076853-8 ; rééd., coll. « Folio », 2004
ISBN 2-07-031690-4

. *Ritournelle de la faim*
Paris, Gallimard, coll. « Blanche », 2008
ISBN 978-2-07-012283-7

. *La Ronde et autres faits divers*
Paris, Gallimard, coll. « Le chemin », 1982,
ISBN 2-07-021395-1 ; rééd., coll. « Folio », 1990
ISBN 2-07-038237-0

. *Terra amata*
Paris, Gallimard, coll. « Soleil », 1967 ;
rééd., coll. « Blanche », 1988,
ISBN 2-07-023825-3 ; coll. « L'imaginaire », 1998
ISBN 2-07-075377-8

. *Voyage à Rodrigues. Journal*
Paris, Gallimard, coll. « Le chemin », 1986,
ISBN 2-07-070382-7 ; rééd., coll. « Folio », 1997
ISBN 2-07-040209-6

. *Voyages de l'autre côté*
Paris, Gallimard, coll. « Le chemin », 1975,
ISBN 2-07-029143-x ; rééd., coll. « Soleil », 1975 ;
coll. « L'imaginaire », 1995
ISBN 2-07-074146-x

Essais, essais littéraires

. *Les Années Cannes. 40 ans de festival*
[avec Robert Chazal] Paris, Hatier, 1987
ISBN 2-218-07979-8

. *Ballaciner*
Paris, Gallimard, coll. «Blanche», 2007
ISBN 978-2-07-078484-4

. *Diego et Frida*
Paris, Stock, 1993,
ISBN 2-234-02617-2;
rééd., Paris, Gallimard, coll. «Folio», 1993
ISBN 2-07-038944-8

. *L'Extase matérielle*
Paris, Gallimard, coll. «Le chemin», 1967,
ISBN 2-07-023824-5; rééd., coll. «Idées», 1971;
coll. «Folio essais», 1993
ISBN 2-07-032745-0

. *La Fête chantée et autres essais de thème amérindien*
Paris, Le Promeneur, 1997
ISBN 2-07-074912-6

. *Gens des nuages*
[avec Jemia Le Clézio, photographies de Bruno Barbey]
Paris, Stock, 1997,
ISBN 2-234-04816-8; rééd., Paris, Gallimard, coll. «Folio», 1999
ISBN 2-07-041216-4

J.M.G. LE CLÉZIO

ONITSHA

roman

nrf

GALLIMARD

J. M. G. LE CLÉZIO

LE RÊVE MEXICAIN

ou la pensée interrompue

nrf essais

GALLIMARD

. *Haï*
Genève (Suisse), Skira, 1971 ; rééd., Genève/Paris, Skira/Flammarion, coll. « Champs. Les sentiers de la création », 1987
ISBN 2-605-00112-1

. *Raga, approche du continent invisible*
Paris, Le Seuil, coll. « Peuples de l'eau », 2006,
ISBN 2-02-089909-4 ; rééd., coll. « Points », 2007
ISBN 978-2-7578-0619-7

. *Le Rêve mexicain ou la Pensée interrompue*
Paris, Gallimard, coll. « NRF Essais », 1988,
ISBN 2-07-071389-x ; rééd., « Folio essais », 1992
ISBN 2-07-032680-2

. *Sirandanes*
[avec Jemia Le Clézio, illustration de J.-M. G. Le Clézio]
Paris, Seghers, coll. « Volubile », 1990
ISBN 2-232-10327-7

. *Sur Lautréamont*
[textes de Blanchot, Gracq et Le Clézio]
Paris, Éditions Complexe, coll. « Le regard littéraire », 1987
ISBN 2-87027-216-2

. *Trois Villes saintes*
Paris, Gallimard, 1980
ISBN 2-07-021811-2

. *Vers les icebergs*
Saint-Clément-de-Rivière, Fata Morgana, 1978 ; rééd., 1985
ISBN 2-85194-059-7

Textes pour la jeunesse

. *Balaabilou*
[illustrations de Georges Lemoine]
Paris, Gallimard, 1985,
ISBN 2-07-056250-6; rééd., coll. « Folio cadet », 2004
ISBN 2-07-055933-5

. *Celui qui n'avait jamais vu la mer*
suivi de *La Montagne du dieu vivant*
[illustrations de Georges Lemoine]
Paris, Gallimard, coll. « Folio junior », 1982,
ISBN 2-07-033232-2; rééd., 2000,
ISBN 2-07-051394-7; 2008
ISBN 978-2-07-062425-6

. *La Grande Vie* suivi de *Peuple du ciel*
[illustrations de Georges Lemoine]
Paris, Gallimard, coll. « Folio junior », 1990,
ISBN 2-07-033554-2; rééd., 2008
ISBN 978-2-07-062424-9

. *Lullaby*
[illustrations de Georges Lemoine]
Paris, Gallimard, coll. « Folio junior », 1983,
ISBN 2-07-038032-7; rééd., 2007,
ISBN 978-2-07-061258-1;
coll. « Folio junior Livres cassettes », 1987
ISBN 2-07-032463-X

. *Pawana*
Paris, Gallimard, 1992,
ISBN 2-07-072806-4; rééd., coll. « Lecture junior », 1995,
ISBN 2-07-058777-0; coll. « Folio junior » [illustrations de Georges Lemoine],
1999,
ISBN 2-07-052817-0; 2008,
ISBN 978-2-07-062423-2;
coll. « La bibliothèque Galllimard Texte & dossier », 2003
ISBN 2-07-042842-7

. *Peuple du ciel*
[illustrations de Georges Lemoine]
Paris, Gallimard, coll. « Folio junior », 1990,
ISBN 2-07-033554-2; rééd., coll. « Gallimard albums », 1991,
ISBN 2-07-056542-4;
suivi de *Les Bergers*, coll. « Folio », 2003
ISBN 2-07-042676-9

. *Villa Aurore*, suivi de *Orlamonde*
[illustrations de Georges Lemoine]
Paris, Gallimard, coll. « Folio junior », 1985,
ISBN 2-07-033302-7; rééd., 2008
ISBN 978-2-07-062426-3

. *Voyage au pays des arbres*
[illustrations d'Henri Galeron]
Paris, Gallimard, coll. « Enfantimages », 1978,
ISBN 2-07-058030-x; rééd., coll. « Folio cadet », 2002,
ISBN 2-07-053665-3; « Folio cadet Livres cassettes »
ISBN 2-07-052914-2

Entretiens

. *Ailleurs*
[transcription d'entretiens avec J.-L. Ézine préalablement diffusés sur France-Culture dans l'émission *À voix nue*]
Paris, Arléa, 1995,
ISBN 2-86959-244-2 ; rééd., coll. « Arléa-poche », 1997,
ISBN 2-86959-314-7

. *Conversations avec J.-M. G. Le Clézio*
[transcription d'entretiens téléphoniques avec Pierre Lhoste]
Paris, Mercure de France, coll. « Littérature générale », 1971.

Sélection d'ouvrages, d'articles et de publications sur l'œuvre de J.-M. G Le Clézio

. *J.-M. G. Le Clézio*
[Isa Van Acker, Madeleine Borgomano, Claude Cavallero *et alii*,
sous la dir. de Sophie Jollin-Bertocchi et Bruno Thibault]
Paris, Éditions du temps, coll. « Lectures d'une œuvre », 2004
ISBN 2-84274-301-6

. *J.-M. G. Le Clézio*
Paris, *Europe*, n° 959, janvier 2009
ISBN 978-2-351-50022-4

. *J.-M. G. Le Clézio : Le malheur vient dans la nuit*
[sous la dir. de Gabrielle Althen]
Marseille, *Sud*, n° 85-86, 1990
ISSN 0049-2450

. *Lire*, n° 370, novembre 2008, Paris,
[dossier réalisé par Tristan Savin]

. *Magazine littéraire*, n° 362, février 1998, Paris,
[sous la dir. de G. de Cortanze]

Acker (Van) Isa
. *Carnets de doute. Variantes romanesques du voyage chez J.-M. G. Le Clézio*
Amsterdam/New York, Éditions Rodopi, 2008,
ISBN 978-9-042-02410-6

Aguirre Fernando
. *Figures du pouvoir*
[thèse de doctorat, portant notamment sur *Les Géants*, université Paris 12, 1986]
Lille, Anrt université Lille 3, 1988

Amar Ruth
. *Les Structures de la solitude dans l'œuvre de J.-M. G. Le Clézio*
Paris, Publisud, coll. « Méditerranée », 2004
isbn 2-86600-979-7

Anoun Adelhaq
. *J.-M. G. Le Clézio, « Résolutions » ou l'appel intérieur des origines*
Paris, L'Harmattan, coll. « Approches littéraires », 2005
isbn 2-7475-8323-6

Barbier Diane
. *Le Chercheur d'or*
Rosny-sous-Bois, Bréal, coll. « Connaissance d'une œuvre », 2005
isbn 2-7495-0451-1

Beckett Sandra L.
. *De grands romanciers écrivent pour les enfants*
Grenoble/Montréal (Canada), Ellug/Presses universitaires de Montréal, 1997
isbn 2-84310-004-6

Borgomano Madeleine
. Onitsha *de J.-M. G. Le Clézio*
Paris, Bertrand-Lacoste, coll. « Parcours de lecture », 1993
isbn 2-7352-0638-6

Brée Germaine
. *Le Monde fabuleux de J.-M. G. Le Clézio*
Amsterdam, Éditions Rodopi, 1990
ISBN 90-5183-220-6

Bureau Conrad
. *Linguistique fonctionnelle et stylistique objective*
[corpus issu de *La Guerre*]
Paris, Puf, coll. « Le linguiste », 1976
ISBN 2-13-034060-1

Chung Ook
. *Le Clézio. Une écriture prophétique*
Paris, Imago, 2001
ISBN 2-911416-48-1

Cortanze Gérard (de)
. *J.-M. G. Le Clézio. Le nomade immobile*
Paris, Éditions du Chêne, 1999,
ISBN 2-84277-130-3; rééd., Paris, Gallimard, coll. « Folio », 2002
ISBN 2-07-042135-x

Di Scanno Teresa
. *La Vision du monde de Le Clézio. Cinq études sur l'œuvre*
Saint-Genouph, Nizet, 1984

Domange Simone
. *Le Clézio ou la Quête du désert*
Paris, Imago, 1993
ISBN 2-902702-80-9

DOUCEY Bruno

. *Désert*

Paris, Hatier, coll. « Profil d'une œuvre », 1994

ISBN 2-902702-80-9

DOUÉRIN Michèle

. *La recherche du bonheur dans* La Vie heureuse *et* La Briéveté de la vie *de Sénèque*, Oncle Vania *de Tchekhov et* Le Chercheur d'or *de Le Clézio*

Paris, Armand Colin, 2005

ISBN 2-200-26933-1

ÉVRARD Franck et TENET Éric

. *Mondo de J.-M. G. Le Clézio*

Paris, Bertrand-Lacoste, coll. « Parcours de lecture », 1994

ISBN 2-7352-0867-2

FRANÇOIS Corinne

. *Désert, Jean-Marie Gustave Le Clézio*

Rosny-sous-Bois, Bréal, coll. « Connaissance d'une œuvre », 2000

ISBN 2-84291-580-1

GILLET Isabelle

. *Le Chercheur d'or, J.-M. G. Le Clézio*

Paris, Ellipses, coll. « Résonances », 2001 ; rééd., 2005

ISBN 2-7298-2497-9

GONZALEZ-HERNANDEZ Anna-Teresa

. « Étoile errante *de J.-M. G Le Clézio. Une écriture spéculaire sur fond de guerre* »

Madrid, Universidad Complutense, *Thélème*, n° 20, 2005

ISSN 1139-9368

Holzberg Ruth

. *L'Œil du serpent. Dialectique du silence* dans l'œuvre de Le Clézio
Sherbrooke (Canada), Éditions Naaman, 1981

Jollin-Bertocchi Sophie

. *J.-M. G. Le Clézio. L'érotisme, les mots*
Paris, Kimé, coll. « Détours littéraires », 2001
isbn 2-84174-225-3

Jung Hai-Souk

. *Les Métamorphoses de la ville dans l'œuvre de J.-M. G. Le Clézio*
Lille, Presses universitaires du Septentrion, 1997
isbn 978-2-28400-095-2

Khalil Haddad Sophia

. *La Rêverie élémentaire dans l'œuvre de J.-M. G. Le Clézio*
Lille, Presses universitaires du Septentrion, 2000
isbn 978-2-28401-674-8

Kastberg Sjöblom Margareta

L'Écriture de J.-M. G. Le Clézio. Des mots aux thèmes
Paris, Honoré Champion, coll. « Lettres numériques », 2006
isbn 2-7453-1412-2

Labbé Michelle

. *Le Clézio, l'écart romanesque*
Paris, L'Harmattan, coll. « Critiques littéraires », 1999
isbn 2-7384-8144-2

Le Guellaut Henrielle

- *Expériences du temps : unité et diversité à travers*
  Le Procès-verbal, Étoile filante *et* Diego et Frida
  [thèse de doctorat, université Lyon 2]
  Lille, Anrt université Lille 3
  isbn 978-2-7295-2475-3

Marin Thierry

- *Les Deux Versants de l'œuvre de J.-M. G. Le Clézio :*
  des miroirs fous au visage indien
  Lille, Presses universitaires du Septentrion, 1999 ;
  rééd., Anrt université Lille 3
  isbn 978-2-7295-3183-6

Mariotte Estelle

- *Imaginaire et mémoire du désert chez T. E. Lawrence, Paul Bowles*
  et J.-M. G. Le Clézio
  [thèse de doctorat, s.d.]
  Lille, Anrt université Lille 3
  isbn 978-2-7295-4161-3

Marotin François

- *Mondo et autres histoires*
  Paris, Gallimard, coll. « Foliothèque », 1995
  isbn 2-07-038676-7

Mathé Roger

- *L'Exotisme : de Homère à Le Clézio*
  Paris, Bordas, coll. « Univers des lettres », 1985
  isbn 2-04-016118-x

Maynard Marie-Annick
. *Le Rapport de l'homme au monde dans l'œuvre de Le Clézio*
[thèse de doctorat, université Lyon 2, 1988]

Mbassi Ateba Raymond
. *Identité et fluidité dans l'œuvre de Jean-Marie Gustave Le Clézio. Une poétique de la mondialité*
Paris, L'Harmattan, 2008
isbn 978-2-296-05520-9

Michel Jacqueline
. *Une mise en récit du silence. Le Clézio, Bosco, Gracq*
Paris, Éditions José Corti, 1986
isbn 2-7143-0144-4

Molinié Georges et Viala Alain
. *Approches de la réception : sémiostylistique et sociopoétique de Le Clézio*
Paris, Puf, coll. « Perspectives littéraires », 1993
isbn 2-13-045101-2

Micouleau-Sicault Marie-Claire
. *« Mondo » de J.-M. G. Le Clézio*
Paris, Armand Collin, coll. « Tous en classe », 1998
isbn 2-200-21759-5

Onimus Jean
. *Pour lire Le Clézio*
Paris, Puf, coll. « Écrivains », 1994
isbn 2-13-045893-9

PARDO SEGURA Martha
. *La Réflexion de J.-M. G. Le Clézio sur l'écriture*
Lille, Presses universitaires du Septentrion, 1998;
rééd., ANRT université Lille 3
ISBN 978-2-7295-2105-9

PEYRE Henri
. *Six Maîtres contemporains: Giono, Aymé, Sartre, Camus, Gascar, Le Clézio*
Paris/New York, Harcourt/Brace & World, 1969

PIEN Nicolas
. *Le Clézio. La quête de l'accord originel*
Paris, L'Harmattan, coll. « Critiques littéraires », 2004
ISBN 2-7475-5994-7

RAVOUX-RALLO Élisabeth
. *Le Clézio et la Modernité*
Actes du Congrès de la Société française de littérature générale et comparée, Toulouse, Presses universitaire du Mirail, 1989

RIDON Jean-Xavier
. *Henri Michaux, J.-M. G. Le Clézio: l'exil des mots*
Paris, Éditions Kimé, 1995
ISBN 2-84174-029-3

ROUSSEL-GILLET Isabelle
. « Troubles et trouées: *Le Procès-verbal* de J.-M. G. Le Clézio »
Lille, Société Roman, *Roman 20-50*, n° 38, 2004
ISSN 0295-5024

SALLES Marina

. *Le Procès-verbal*

Paris, Bertrand-Lacoste, coll. « Parcours de lecture », 1996

ISBN 2-7352-1185-1

. *Le Clézio. Notre contemporain*

Rennes, Presses universitaires de Rennes,

coll. « Interférences », 2006

ISBN 2-7535-0239-0

. *J.-M. G. Le Clézio, peintre de la vie moderne*

Paris, L'Harmattan, coll. « Critiques littéraires », 2007

ISBN 978-2-296-02934-7

SICANOS André

. *Les Mythologies de l'insecte. Histoire d'une fascination*

Paris, Librairie des Méridiens, 1985

ISBN 2-86563-104-4

STENDHAL BOULOS Miriam

. *Chemins pour une approche poétique du monde*

Copenhague, Museum Tusculanum Press,

coll. « Études romanes de l'université de Copenhague », 1999

ISBN 87-7289-545-4

SUZUKI Masao

. *J.-M. G. Le Clézio, évolution spirituelle et littérature : par-delà l'Occident moderne*

Paris, L'Harmattan, coll. « Critiques littéraires », 2007

ISBN 978-2-296-03641-3

VIEIL Anne

. *L'Espace dans l'œuvre de J.-M. G. Le Clézio. La dialectique du réel et de l'imaginaire*

[thèse de doctorat, université Paris 4, 1985]

Villeneuve Éric

. *L'Écriture mauricienne*

[thèse de doctorat, université Lyon 2, 1985]

Waelti-Walters Jennifer

. *J.-M. G. Le Clézio*,

Boston (États-Unis), Twayne's Publications, 1977

Icare ou l'évasion impossible. Étude psycho-mythique de l'œuvre de J.-M. G. Le Clézio

Sherbrooke (Canada), Éditions Naaman, 1981

CD et DVD

. *Jean-Marie Gustave Le Clézio*
[documentaire ; conception : Michèle Gazier, Jacques Malaterre ;
réalisation : Jacques Malaterre ; production Gédéon/France 3, 1996]
Paris, Culturesfrance/ministère des Affaires étrangères et européennes,
1 DVD, 2009
diffusion non commerciale
destinée au réseau culturel français à l'étranger.

. *Jean-Marie Gustave Le Clézio. Hier et aujourd'hui*
[Entretiens avec Pierre Lhoste, Jean-Louis Ezine,
Olivier Germain-Thomas]
Paris, Radio France/Ina, coll. « Grandes Heures », 2 CD, 1999
EAN 3415822118050

. *J.-M. G. Le Clézio*
[entretien avec Bernard Pivot]
Paris, Gallimard, coll. « Grands Entretiens Pivot », 1 DVD, 2009
EAN 3260050641449

. *La Ronde et autres faits divers*
[lecture de Bernard Giraudeau]
Paris, Gallimard, coll. « Écoutez lire », 1 CD, 2008
EAN 3260050856898

Studio EV/PC, graphisme

Assistance Printing

RCS 414 798 413, impression

tirage 12500 exemplaires

mai 2009

CULTURESFRANCE est opérateur

du ministère des Affaires étrangères et européennes

et du ministère de la Culture et de la Communication.

Président Jacques Blot

Directeur Olivier Poivre d'Arvor

DÉPARTEMENT DU LIVRE ET DE L'ÉCRIT

Directeur Paul de Sinety

Collection dirigée par Nicolas Peccoud

ÉDITIONS GALLIMARD

Président-Directeur Général Antoine Gallimard

Direction du partenariat Franck Fertille

INA

Président Emmanuel Hoog

Responsable des éditions Roei Amit

Trois entretiens avec **J.-M. G. Le Clézio**

PISTE 1

J.-M. G. et Jemia Le Clézio / Colette Fellous

Extraits d'un « Carnet nomade » diffusé sur France Culture le 22 décembre 1997, (©Ina 1997). J.-M. G. et Jemia Le Clézio viennent de publier *Gens des nuages*.

« Je crois qu'une des premières choses que j'ai dite à Jemia [...] c'était ‹ on devrait traverser le désert ›. À cette époque là, je ne connaissais pas la légende de son ancêtre [Sidi Ahmed el Aroussi] [...]. C'est très difficile d'arriver à imaginer que des êtres humains parviennent à résister dans une situation aussi difficile, [...]. Une société comme celle des Aroussis est une société modèle. »

[...]

PISTE 2

J.-M. G. Le Clézio / Colette Fellous

Extraits de la série « Nuits magnétiques. Mexique : dernier soleil », diffusée sur France Culture du 26 au 30 janvier 1998. (©Ina 1998)

« La société humaine a raté cette rencontre, qui aurait pu être exceptionelle si elle n'avait pas eu lieu par la violence. J'ai rêvé à ce qui aurait pu se passer si les Espagnols, les Français, les Portugais, les Anglais, au lieu de s'opposer à ce monde amérindien, avaient au contraire cherché à s'adapter à lui [...] et à lui donner la possibilité de s'inscrire dans le concert des nations, dans le concert des cultures [...]. »

[...]

PISTE 3

J.-M. G. Le Clézio / Paula Jacques

J.-M. G. Le Clézio / Paula Jacques extraits de l'émission « Cosmopolitaine », diffusée sur France Inter le 11 avril 2004. (©Ina 2004)

« C'était une nécessité [...], depuis longtemps je me disais qu'il faudrait parler non seulement de mon père [...], mais aussi de l'Afrique qui était son amour, sa passion, un terrain qui a compté pour moi, qui m'a formé je crois [...]. »

[...]